JN076842

毎日3分！

その日の後悔リセット術

ソウルフルネスメソッド提唱者
Emma

はじめに

この本を手に取ってくださってありがとうございます。

最初にあなたに2つの質問をします。

まず1つ目です。

あなたは、今までの人生に後悔がなく、自分が望んでいる人生を過ごしていますか？

「過ごしています。人生に後悔はありません」と思ったあなたは、今までの人生を誠実に生きてこられたことと思います。

「いいえ、過ごせていません」と思ったあなたは、今までの人生を、自分よりも周りに気を使って生きてこられたのかもしれません。きっとあなたは心の優しい人でしょう。

2つ目の質問です。

あなたは、本当の自分を生きていますか？

「生きています」と思ったあなたは、既に本当の自分に気づいていて、深い感謝と愛を持って過ごされていることでしょう。

「本当の自分とは何ですか？　意味がわかりません」というあなたは、この本で私と一緒に本当の自分について考えていきませんか？

私は現在メンターコーチとして、エグゼクティブコーチを目指している人たちにコーチングのトレーニングをしたり、オンラインを使って年間約２００本のセミナーを行ったりしています。また、幼少期より目に見えない世界からのメッセージを受け取ることがあり、「魂さん」からのメッセージをお伝えしたり、ヒーリングを行ったりもしています。

「仏教×コーチング×スピリチュアル」による独自で開発した**煩悩浄化「ソウルフルネスメソッド」**を用いて、**これまで延べ5万人にセッションを行い、人生をよりよく変えてきました。**

現在このような仕事をしている私ですが、長年、生きづらさを抱えて生きていました。

人生は不公平で、自分の望み通りにはならないと思っていました。世の中には、

後悔しながら人生を生きている人と、そうでない人
自分らしく生きている人と、生きづらさを抱えている人
本当の自分を生きている人と、生きる目的がわからない人

がいます。

同じ人間なのに、どうしてこんなにも生き方が違ってしまうのかということを、私は考え続けてきました。そして**長年、人間観察をしていて、人生には2種類の生き方があることに気づきました。**

それが本当の自分を生きている人と、そうでない人です。

かくいう私自身も、本当の自分を生きていたわけではなく、もちろん本当の自分のことなどまったくわかりませんでした。後述しますが、いろいろな出来事がきっかけで、1つの答えにたどり着いたのです。

それは、「人生で自分に起こるすべての答えは、自分の中にある」ということです。本

書を通してそのことを、あなたに知ってほしいのです。そして自分で答えを見つけられるようになってほしいと願っています。

ではここで、あなたに別の質問をします。

本当の自分とは何でしょうか？

自分に本当も嘘もなく、今この本を読んでいるあなた、ここに存在しているあなたが本当の自分と思うでしょう。では、もう一度質問します。

本当の自分とは何でしょうか？

先ほどよりも、深く考えようとしたのではないでしょうか？　嘘偽りのない自分とか、あるがままの自分、生まれた時のようなピュアな自分、弱い自分、時々怠けてしまう自分など、いろいろな自分をイメージできますね。

たいていは、この辺で答えが落ち着くと思いますが、もう一度お聞きします。

本当の自分とは何でしょうか？

目を閉じて考えてください。

さらに深く、自分を探しに行っているのではないでしょうか？　そして言葉では表現できないけれど、何かを感じているかもしれません。この世界中の誰よりも、あなたのことを愛し、信じている何かを。

今、ここで答えが見つからなくても大丈夫です。こうやって自分と向き合っていただくことがとても重要なのです。あえて同じ質問を何度もするのは、自分が納得する答えを、深いところから導き出すことができるからです。

日々の忙しさに追われる私たちは、自分とじっくり向き合う時間が取れません。きっと先ほどのような質問をされても、無難に答えて、それで終わりになってしまうことも多いのではないでしょうか。

この本を読み、質問に繰り返し答えながら、自分と向き合い、本当の自分を探求する時間にしてください。

本当の自分を生きるとは何でしょうか？

この質問をいろいろな人たちにしてみたところ、2通りの考え方があることがわかりました。

1つは本能の赴くままに生きること。自分の欲求のままに、やりたいことをやり、やりたくないことはやらない。好きな人と付き合って、嫌いな人とは付き合わない。理性よりも自分の感情を優先して生きることです。

もう1つは、自分が生きている意味や使命など、自分の本質を知って生きることです。

「本能のままに生きる」と**「本質を生きる」**という生き方は、どちらも私たちが生きていく上で必要なことです。

私自身、自分は何のためにこの世に生まれてきたのか、何のために生きているのか、生きる目的がまったくわからず、毎日が自宅と職場の往復だけという人生を過ごしていた時期がありました。やりたいことがあるわけでもなく、何年経っても毎日同じことの繰り返しで、私の人生は、つまらないまま終わるのだろうなと思っていました。

そんな人生を過ごしてきたある時、自分の内側から声が聞こえてきたのです。

「このままの人生でよいのですか?」

最初は耳を疑いました。

「え？　今の何？　誰？」

誰かが私にメッセージを伝えているのです。そのメッセージはどんどん強くなっていきました。


「このままの人生で、一生を終えるのですか？　やらなくてはいけないことがありませんか？」


私は自分の内側から聞こえるメッセージと、しっかり向き合ってみようと思いました。

「やらなくてはいけないことって何だろう？」

「私は何がしたいのだろう？」

「私は何をあきらめているのだろう？」

私は、自分の内側から聞こえる「もう1人の自分」と対話を続けました。

すると、もう1人の自分が、いろいろな場面で、私に何かを提案したり、アドバイスをしていることに気づきました。

そのメッセージの通りに行動すると、必要なタイミングで必要なことが起こるようになりました。それは、よいこともありましたが、時には課題を与えられることもありました。


本当の自分とは、自分に内在しているもう1人の自分であり、それは私のコア（一番大切な「もと」の部分、後述する「魂さん」）です。コアとつながることによって、私の人生が、今まで何をしても空っぽに思えていたものから、本当に生きたいと思えるものに変わり始めたのです。

この出来事をきっかけに私は2004年から、一生に一度の人生をよりよくするための「コーチング」という仕事を始めました。

私はこの本で、あなたが本当の自分に気づくこと、本当の自分とつながって生きることの大切さをお伝えします。

一生に一度のあなたの人生が、よりよくなりますように。そしてあなたが本当の自分を生きられますように。

Contents

毎日3分！その日の後悔リセット術

1章 【後悔リセット・ステップ①】本当の自分に気づく

章

【後悔リセット・ステップ②】本当の自分とつながる

章

【後悔リセット・ステップ③】本当の自分を生きる

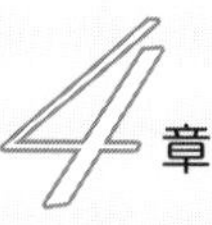章

【後悔リセット・ステップ④】答えは全て本当の自分の中に！

1章

【後悔リセット・ステップ①】

本当の自分に気づく

あなたはどういう人ですか？　と質問されたら、自分のことについて、すらすらと答えられるでしょうか？

多くの人が、自分自身のことがわかっていないかもしれません。もしかしたら、この世の中で一番わからないのが自分のことかもしれませんね。「自分のことを知る」には、自分について気づくことから始まります。

1章では、様々な事例から、あなたの心にアクセスしてください。本を読みながら心が何を感じているのか、そのことに気づくことから始めましょう。

❖過去の人生をリセットする

たった一度だけ、過去に戻って人生をやり直せるとしたら、あなたは人生をやり直しますか？　それとも今のままの人生でいいですか？

今のままの人生を選ぶ人には、2つのパターンがあると思います。

1つは、今の人生に満足している人です。もう1つは、今さら人生をやり直したところで、また同じことの繰り返し、人生をやり直すなんて面倒だし、このままでいいという人です。

一方、**過去に戻って人生をやり直したいと思っている人は、過去に未だ完了できていない「何か」があります。**「あの時に言われた一言が」とか、「あの時の態度が」「あの時にしたことが」というような、人との関係についての未完了。

他には、忘れたい過去や、二度と思い出したくないくらいショックな出来事、怒り、苦しみ、悲しみ、恨みなどもあるでしょう。本当の自分はそんなことをしたくなかったのに、自分のプライドが邪魔をして、やりたいことをできなかったことがあったかもしれません。そのような気がかりが、何年経ってもずっと引っかかっているのです。**過去の未完了を完了しない限り、今の人生もずっと未完了のまま**です。

私自身、何度もやり直したいと思うことがありました。あの時にもっと真剣にやっておけばよかった、素直に行動していたらよかった、あんなことをしなければよかった、あの一言を言わなければよかったと。

人生をすべてリセットして、もう一度やり直したいと思ったことが何度もあります。本当にそんなことができたらどんなによいでしょうか。

過去に戻ることはできませんが、今この瞬間から過去をリセットすることはできます。

過去をリセットする目的は2つです。

過去の未完了を完了すること、そしてあなたが本当に生きたい人生を生きることです。

過去をリセットする方法はたった1つです。

それは今日一日を完了させること。毎日、必ず完了させることです。それはとても簡単な方法で、**「感謝の儀式」**を行うことです。

一日の終わりに「今日もありがとうございました」と全身全霊で感謝をすることです。

なぜこの儀式が過去をリセットするかというと、今日一日を感謝で完了したということは、今この瞬間から、過去をすべて感謝で完了したということになるからです。

あなたは今日一日を感謝しました。そして今日という日は、過去からずっとつながっています。今日を感謝で終えたということは、過去もすべて感謝で終えたことになります。感謝の儀式は、何年も前の後悔や未完了を、一瞬でリセットすることができるのです。

感謝の儀式は、夜寝る前に行うとよいでしょう。立ったままでも、横になったままでもよいです。もしかしたら自然に手を合わせたくなるかもしれません。お辞儀をしたくなるかもしれませんし、涙が出るかもしれません。全身全霊で感謝をすると、自分では予想していなかった感情が溢れてくることがあります。すべてはあなたの心のままに感じることで、本当の自分とつながりやすくなります。

感謝の儀式は、本当の自分を生きるために最も大切なことです。**感謝は、誰もが知っている当たり前のことですが、これが毎日できるかどうかが、本当の自分を生きている人**

と、**そうでない人の違い**です。

感謝の儀式が、あなたの中にしっくりきたら、あなたは既に本当の自分とつながっています。違和感がある場合、その感覚を大切にしてください。なぜ違和感があるのか、その答えはこの本を読み進めていく中で見つかることでしょう。

後悔リセット術のエッセンス・その1

一日の終わりに「今日もありがとうございました」と全身全霊で感謝をする

✣人の目や顔色を気にする人生を終わりにする

あなたは人の目や顔色が気になって、生きづらいと思ったことはありませんか？

「周りの人たちが自分のことをどう思っているか気になる」
「周りの人たちが陰で私のことを噂している」

人生の中で、このように思ったことが、一度や二度はあるのではないでしょうか？

私自身、人の目や顔色が気になって、生きづらい人生を過ごしてきました。

なぜ人の目や顔色が気になるのかというと、自信がないからです。**自分に自信が持てないから、周りが自分のことをどう思っているかが気になる**のです。逆に自信があったら、人の目や顔色は、どうでもよいはずです。

たとえば今、あなたが人の目や顔色を気にしているとします。いつ、どのような理由で自信がなくなってしまったのでしょうか？

人が自信をなくす原因のほとんどは、誰かから心ない言葉を言われたことがきっかけになっています。誰かというのは、家族や先生、友達、職場の人、知人など、自分以外の人です。自分の外見や性格、行動に対して、他人からどう評価され、どのような言葉をかけられたかによって、自信を失う場合と、そうでない場合があります。

たとえば、「こんなこともできないのですか？」「あなたに頼まなきゃよかった」「あなたは何をやってもダメですね」などのマイナスな言葉を言われた時、その言葉が、そのまま自分への評価になってしまいます。

人からの評価で自信をなくしてしまうと、人からの評価で自信を取り戻そうとします。

仕事をしていても、人からよい評価をもらうことに意識が向き、「人に認められたい」「認められなければいけない」という思いが強くなります。

人に認められることで、自分がやっていることは間違っていない、自分は大丈夫という確認ができて、安心することができます。

逆に人から認められないと、自分のしたことは間違っていると思い、途端に自信をなくし、心がざわつき始めます。

何かをしたら必ずよい評価をもらわなければいけない、人の期待に応えなければいけないと思うようになり、常に人の目や顔色が気になっていきます。

よい評価をもらえる自分＝よい自分＝存在価値がある

よい評価がもらえない自分＝ダメな自分＝存在価値がない

人生において、他人からよい評価をもらえることのほうが少ないように思います。けれど、このような思考の人は、毎日誰かからよい評価をもらうこと、そして自分と関わりのあるすべての人からよく思われなくてはいけない、という思考のくせを持っています。

テストの点や成績、評価で例えたら、

「100点満点」

「1番」

「常に正しい」

という思考です。この考え方が、人の目や顔色が気になって、本当の自分を生きられない原因の1つです。自分がどうしたいのかということよりも、他人からよい評価をもらうことに意識が向いているからです。

ここで考えてほしいのは、他人の評価は正しいのか、ということです。

他人の評価というのは、よくも悪くもその人の都合のいいように評価されることがほとんどです。

たとえば、あなたに2人の部下がいるとします。

1人は仕事がよくできて、あなたの言うことを何でも肯定的に受け取る人。もう1人は同じように仕事がよくできて、あなたの言うことに必ず反対意見を言う人。あなたにとって、どちらの部下の評価がよくなりますか？ ほとんどの場合、自分の言うことを肯定的に受け取る人のほうによい評価をつけます。

誰かを評価する場合、評価する人の都合や好き嫌いに影響され、曖昧(あいまい)です。その評価に振り回されて生きづらい人生を過ごしているとしたら、もったいないと思いませんか？

では次に、どのような時に、人の目や顔色が気になるのかを考えてみます。

1人で行動し、1人で完結している時は気にならないはずです。人が関わる時に、自分が言ったことや行動したことが、周りにどのように伝わっているのか、どのように影響を与えているのかが気になります。つまり相手の反応が気になるのです。もちろん、まったく気にしないというのもどうかと思いますが、このような傾向の人は気にしすぎています。

相手が自分の望む反応をしなかった場合でも、落ち込んだり、気にしたりしないでください。相手は、お腹が空いていて不機嫌なのだと思うようにしてください。

なぜなら、あなたの話したことや行動したことに問題がある場合は、必ず何か言ってくるからです。何も言われていないのに「私は変なことを言ってしまったかもしれない」とか「私は間違ったことをしてしまったかもしれない」と妄想するのは、やめましょう。たいていの人は、自分がどう見られているかということのほうが重要で、実は、他人のことをそれほど気にしていません。

時々、人のことをとやかく言う人がいます。そんな人ほど、自分がどう見られているかが気になっているものなのです。あなたの場合はどうですか？　人の目や顔色が気になっている時に、あなた自身も人のことをとやかく言ってはいませんか？

後悔リセット術のエッセンス・その2

「自分はどうしたいのか？」と何度も自分に問うことで本意に気づく

❖ 普通のりんごが毒りんごに見える時は要注意！

あなたの目の前にりんごがあるとします。そのりんごはどんなりんごですか？　美味しそうですか？　それとも毒りんごですか？

「え？　何を言っているのですか？　毒りんごのはずがないじゃないですか！」と思いますよね。それはあなたが今、冷静だからです。

けれど**あなたの受け取り方や、その時の心の状態によって、普通のりんごが美味しいりんごにも、毒りんごにも変わるのです。**

私たちは日常生活の中で、物事を自分の都合のいいように見て、聞いて、受け取る傾向があります。たとえば、

自分にとって都合の悪いことがあった時
思い通りにならないことが起こった時
体調が悪い時
気持ちが沈んでいる時

など、普通のりんごが毒りんごに見えてきます。

世の中には、1つの出来事に対して、ポジティブに受け取る人とネガティブに受け取る人がいます。どちらがよい・悪いということではありませんが、出来事に対して、自分の

考え方やとらえ方の傾向を知ることは必要です。自分はポジティブに受け取る傾向か、ネガティブに受け取る傾向かと。

なぜならば、そのとらえ方によって、あなたの感情（心）が反応し、その感情によって言葉を発し、行動するからです。

あなたがポジティブに受け取ると、ポジティブのまま行動します。

あなたがネガティブに受け取ると、ネガティブのまま行動します。

1つ事例をお話しします。

AさんとBさんは習い事をしています。ある日、Bさんが「先生は自分にばかり厳しい」とAさんに言いました。

1時間、同じ先生からお稽古を受けていて、Aさんは特に何も思わずにお稽古を受け、Bさんはずっと嫌な気持ちで受けていました。

Aさんには、りんごがそのままりんごに見えていて、Bさんには、りんごが毒りんごに見えていたのです。あなたの周りにも、Bさんのような人はいませんか？

なぜ普通のりんごが、毒りんごに見えてしまうのでしょうか？

実は、自分がしていることの奥には、自分が欲しいものがあるのです。特にネガティブな反応が起こった時には、強い欲求があります。

普通のりんごが毒りんごに見えるBさんは、何が欲しいのでしょうか？

「先生が自分にだけ厳しい」

この言葉の奥には、「先生は自分にだけ特別扱いをしている」という意味があります。本当は、「先生は私のことを大切に思っている」と言いたいのです。さすがにこれを言ったら、周りから引かれてしまうので、あえて逆のことを言っているのです。そしてAさんに、「そんなことありませんよ。先生はBさんのことを大切に思ってくださっていますよ」と言ってもらいたいのです。

あなたの中に、Bさんは「かまってちゃん」とか「面倒くさい人」というキーワードが浮かんだのではないでしょうか。

出来事を捻(ね)じ曲げて受け取る傾向のある人は、その奥に欲しいものがあります。それは自分の思い通りにならないことへの抵抗と、思い通りにしたいという欲求です。

普通のりんごが毒りんごに見えてしまう時は、必ずしも接している相手に原因があるわけではありません。**自分が何を欲しているのかを深く探ってみましょう。**すると、本当の自分はどうしたいのかがわかります。その思いに気づくことが大切です。

1. ネガティブな反応をしたことに気づく。
2. 自分は何が欲しくて、ネガティブな反応をしたのかを考える。

ネガティブな反応に気づくことができれば、りんごはそのまりんごとして目に映すことができるはずです。

後悔リセット術のエッセンス・その3

色眼鏡で見るのではなく、物事の本質を見る目を持つ

周りのせいにしている間は本当の自分に気づけない

あなたが周りのせいにしたくなる時は、どのような時ですか?

物事が上手くいかない時や、自分の思い通りにならない時、周りのせいにする他責の人と、自分には何がやれるだろうかと考える自責の人に分かれます。

「上司が言ったから」「親が言ったから」「仕事が忙しすぎるから」「時間がないから」「雨だったから」など。究極の場合、「親が自分を生んだから」と、自分が生まれたことを親のせいにしている人もいます。

周りのせいにすることで、その場は何とかなるかもしれませんが、また同じような問題が起こり、そのたびに周りのせいにします。一度周りのせいにすると、それがくせになるのです。

私自身、自分の非を認めたくなくて周りのせいにしていた頃は、人間関係や仕事が上手くいきませんでした。周りのせいにすればするほど、状況は悪化していきました。そして自分の人生なのに、誰かが私の人生を変えてくれるはず、誰かが私を幸せにしてくれるはずと思っていました。

周りのせいにすることで、何を求めているのでしょうか？

「自分がしていることの奥には、自分が欲しいものがある」と、「毒りんご」のところでお伝えしました。

周りのせいにする理由は、物事が上手くいかなかった時に、私が悪いのではなく、相手が悪い、つまり「自分は間違っていない＝自分は正しい」ということを確信したいからです。

「私はあなたの言う通りにやりました。それなのに失敗したのは、あなたの言ったことが間違っていたからです」と、まるで被害者のようです。

周りのせいにしていたら、自分の間違いに気づくこともできなければ、改善するチャンスも、成長するチャンスもありません。

相手が間違っている場合もあります。そのような場合、相手に間違いを認めさせるのは容易ではありません。ましてや相手が自分よりも目上の人でしたらなおさらです。けれど相手に間違いを認めさせることに、自分の時間とエネルギーを費やしている人たちがいるのも事実です。

相手のせいにしているということは、相手が主導権を握っている状態です。自分の人生の手綱を相手に握らせているのです。自分の人生なのに相手に手綱を握らせてもよいですか？　自分の人生の手綱は、自分で握ることです。自分でしっかりと手綱を握っていれば、相手に振り回されることが減ってきます。

もし他責の思考が出たら、他責にしている出来事に対して、百歩譲って、ほんの1ミリでも自分にも責任があるとしたらどう思うか、考えてみてください。**目の前の問題を自分に引き寄せて、自責で考えてみるのです。**

あなたが「自分を変えたい」とか「本当に変わりたい」と思った時、自分の力ではなく、誰かが魔法の杖を振るったら一瞬で理想の自分に変えてくれると考えているとすれば、残念ながら変わることはできません。なぜなら、自分を変える方法と答えはあなたの中にあるからです。自分を変えられるのは自分自身なのです。

後悔リセット術のエッセンス・その4

他責ではなく、自責で生きると人生がよりよくなる

❖自分に貼ったラベルはいつでも書き換えられる

私たちは知らないうちに、何枚ものラベルを自分自身に貼っているということをご存じですか？

私がコーチングをしたCさんは、ずっと自分のことが嫌いで、自分を丸ごと別人に変えたいと思って生きていました。いつから自分のことが嫌いになったのか、過去を振り返ってみると、小学校での班編成にまでさかのぼります。

Cさんが小学校6年生の時のことです。

班決めで、班長が自分の班に入れたい子を順番に指名して選んでいく中、クラスのみんなが注目するのは、誰が最後まで残るかということでした。残る子というのは、人気がない子、好かれていない子というラベルを貼られてしまうからです。

Cさんは、いつも最後のほうまで残っている子でした。それが嫌でたまりませんでした（私は友達に選んでもらえない。私は嫌われている）。Cさんは、「自分は人から好かれない」というラベルを、自分に貼ってしまいました。

この出来事をきっかけに、Cさんは自分のことを否定するようになってしまいました。

読者のみなさんの中にも、同じような経験をしたことがある人もいるかもしれませんね。

自分で自分を否定していると、いつか誰かに自分を認めてもらう必要があります。つまり自分で貼ったラベルを、誰かにはがしてもらわなければならないのです。

けれど自分で自分に貼ったラベルは、自分で書き換えるか、はがすしか方法はありません。仮に他人がはがしてくれたとしても、それは一時的なことで、また自分で貼ってしまいます。

では、どうすればよいのでしょうか。

ラベルを書き換えたり、はがしたりするためには、自分にどんなラベルを貼っているのかを客観的に見る必要があります。


自分は何をしてもダメだ。

自分はみんなから嫌われている。


次に自分が理想とするラベルを紙に書きます。

自分は何をしても褒められたり、認められる。
自分はすべての人に好かれている。

理想とするラベルを書いたら、そのラベルを自分に貼ってみます。実際に貼ってみると、本当の自分が望んでいるラベルかどうかがわかります。

どのラベルもしっくりこなかったら、あなたの奥深くを探り、心の底から思っている自分のラベルを貼りましょう。誰の目も気にする必要はありません。

私は思いやりのある人間だ。
私は不器用だけれど誠実に生きている。
私は人に対して深い愛情を持っている。

自分で納得がいくまで、何度も書き直してください。そしてそのラベルを自分に貼って、本当の自分が納得するか、対話をしてください。必ずあなたにぴったりのラベルが見つかります。

後悔リセット術のエッセンス・その5
自己否定は自分の最大の敵

自分で自分にかけている呪いを解く

あなたは毎日、自分にどんな言葉をかけていますか？

私たちは無意識に、自分にたくさんの言葉をかけています。

あなたが毎日思っていること、何気なくつぶやいている言葉、口ぐせは何ですか？「仕事が大変」「人生がつまらない」「毎日しんどい」など、いろいろなことを思っているのではないでしょうか。

たとえば、最近「疲れた」「面倒くさい」「無理」という言葉をつぶやきましたか？

疲れている時に「疲れた」と言いたくなりますが、「疲れた」と言って、よけいに疲れたという経験はないですか？

「面倒くさい」と一度口にすると、なぜかいろいろなことが面倒くさくなってきて、究極、生きることが面倒くさいと思えてきませんか？

本当はやれるのに「無理」という言葉のせいで、自分の可能性を閉ざしていませんか？

このように、自分が何気なくつぶやいた言葉に、私たちは影響を受けています。そしてこの何気なくつぶやいている言葉、口ぐせが呪いの言葉となって、自分に呪いをかけてしまうのです。

私の例ですが、何の気なしに「今日はついていない。最悪な日だ」と思ったことがありました。すると急に、背筋に何かが走り、身体中が嫌な感覚になりました。何かが私にとりついたのがわかりました。

これはとてもまずいことだと思い、私はすぐに目を閉じ、自分に内在している本当の自分と対話をしました。「大丈夫。悪いことは何も起こらない」という声が自分の中から聞こえました。すると身体に感じた嫌なものがスッと消えていきました。

このように、**自分の思いや言葉で、自分に呪いをかけてしまったり、変なものを引き寄せてしまったりする事例は、私のクライアントさんや講座の参加者にもあります。**あなたにも思い当たることがありませんか？

言葉には、口にしてはいけない邪悪な呪いの言葉があります。それは、誰かに投げた言葉に多く含まれます。

相手への妬(ねた)みの言葉、陰口、暴言など、また悪意はないにしても、「死ね」とか「消えろ」「地獄に落ちろ」などの言葉です。これらの言葉を口にすれば、やがてすべてが言った本人に戻り、呪いがかかります。なぜなら、この言葉を生み出しているのは、自分だからです。

たとえば、嫌な相手に「消えろ」と何度もメッセージを送った場合、誰が一番影響を受けていると思いますか？　実は、メッセージを送っている本人なのです。本人に「消えろ」という呪いがかかってしまいます。

相手に対して言った呪いの言葉は、倍返しになって自分に戻ってきます。これを呪いの言葉の法則と言います。

このところ、ソーシャルメディアでの誹謗中傷が問題になっています。もし利用者が呪いの言葉の法則を知っていたら、匿名であっても絶対にやらないはずです。

自分が何気なく思っていることや、つぶやいている言葉で、呪いは簡単にかかります。日頃、自分はどんなことを思っているのか、どんな言葉をつぶやいているのか、振り返ってみるとよいでしょう。そして自分に呪いをかけていると思ったら、ただちにやめましょう。

ただし、**呪いの言葉を一瞬で解く言葉も存在します。**

「ありがとうございます」「申し訳ございません」「おかげさまです」「感謝しています」「信じています」「幸せです」「嬉しいです」「大丈夫です」などです。

これらの言葉は、お守り言葉といって、あなたが本当の自分を生きるために必要な言葉です。まずは一つだけ、今日から言葉を変えてみてください。あなたの人生は必ずよりよくなります。

> 後悔リセット術のエッセンス・その6
>
> 人生は自分の言葉でよくも悪くもなる

❖自分のしたことが自分に返ってくる真理とは

あなたは、自分のしたことが自分に返ってきた体験はありますか？

自分のまいた種が自分に返ってくる、という言葉を聞いたことがある方も多いと思います。仏教ではこのように表現されます。

因果応報（いんがおうほう）…自分に起こるすべてのことは自分が作り出している
善因善果（ぜんいんぜんか）…よい行いがよい結果をもたらす
悪因悪果（あくいんあっか）…悪い行いが悪い結果をもたらす
自因自果（じいんじか）…自分の行いはすべて自分に返ってくる

大根の種をまいたら大根ができ、きゅうりの種をまいたらきゅうりができるのは自然の摂理です。**笑顔の種をまけば笑顔が返ってきます。**怒りの種をまけば怒りが返ってきます。不義理をしたら不義理が返ってくるのです。

あなたは毎日、どんな種をまいていますか？


私は何も悪くないのに、人から嫌なことを言われたとか、嫌な態度をされたという経験があるかもしれません。あるいは約束を守ってもらえなかったとか、味方だと思っていた人に裏切られた、という経験はありませんか？

このような出来事があった時、まず考えてほしいのは、自分は過去に同じようなことをしてこなかったか、ということです。ほんの小さな約束を守れなかったり、誰かに頼まれたことをほったらかしにしてしまったなど。

直接心当たりがなかったとしても、**今、自分に起こっている出来事の発端は、自分で作り出している**のです。このことが理解できるかどうかで、あなたの未来は変わります。

コーチングで、このようなことをお伝えすると、最初は受け入れられない方がほとんどです。なぜなら、自分は何もしていないと思っているからです。

何もしていない私に原因があるなんて、思いたくありませんよね。私もこのことを理解するのには、随分と時間がかかりました。けれど今思うと、この真理を理解したほうが、解決は断然早いことと、よい流れに変わるということがわかりました。

もし嫌なことをされたとしても、怒りや恨みの感情を出したり、やり返したりしてはいけません。あなたにとっては、やられっぱなしとか、自分だけが理不尽な思いをしているとか、損をしていると思えるかもしれません。

では、やり返したとしましょう。やり返す前と、やり返した後はどうなりますか？　やり返す前よりも、やり返した後のほうがよい状態になっているでしょうか？

やり返せばやり返すほど、自分の貴重なエネルギーと時間を、仕返しに費やしてしまう

ことになります。

その時の感情で行動すると、ほとんどの場合後悔して、人生の未完了を作ってしまいます。私たちはつい目先の出来事に振り回されてしまいがちです。でもそんな時は、本当の自分はどう生きたいのか？　ということを思い出してください。

ここで1つ、よくある事例をお伝えします。

コーチングを受けているDさんは、自分のしたことが自分に返ってくるなら、人によいことをしたら、その人が自分にもよいことを返してくれるはずと思い、自分からいろいろな人を手助けしようと種をまいています。

ところがある時、「人のためによいことをすれば、よいことが返ってくると思って種をまいているのに、返ってこないのです。なんか自分だけが損している気持ちになります」と言いました。

あなたは、このことについてどう思いますか？

Dさんがまいている種は「見返りを求める種」なのです。表向きは人のためにと言って行動している人の中には、実は見返りを求めている人たちがいます。自分がまいている種には自分の思いが入っています。

自分のまいた種が自分に返ってきます。特に恨みの種、妬みの種、怒りの種を誰かにまいた時、その種は何倍にも増えて自分に返ってきます。本当の自分はどんな種をまきたいと、あなたに伝えていますか?

後悔リセット術のエッセンス・その7

負のエネルギーを持つ種は、すぐに芽を出し一気に増え、やがて枯れ、幸せなエネルギーの種は、ゆっくり芽を出し、永遠に咲き続ける

❖ 人生を苦しめる原因はたった1つ

あなたの人生を苦しめている原因は何ですか?

ここまで、本当の自分を生きることができない原因をお話ししてきました。読みながら気づいていらっしゃると思いますが、**すべての原因は自分から発生している**ということです。

私たちが人生の中で悩むトップ3は、身体のこと、人間関係、お金です。

この中には、死や病気、容姿、ダイエット、仕事、心など、誰もが必ず悩む、いろいろな要素が含まれます。そして誰もが必ず悩んでいるにもかかわらず、本当の自分を生きている人と、そうでない人がいます。

「煩悩（ぼんのう）」という言葉を聞いたことがあると思います。

煩悩とは、今までお話ししてきた自分の考え方や、とらえ方です。日頃、自分が見ていること、聞いていること、起こっている出来事に対して、どのように考え、とらえているのかによって、苦しい人生になる場合と、幸せな人生になる場合があります。

仏教では、煩悩とは自分を苦しめる考え方や、心の反応のことで、煩悩が人間の苦しみの原因を作っていると言われています。けれど「煩悩＝悪いもの」と思わないでください。誰にでも煩悩はあります。**煩悩と向き合い、どのように付き合っていくのかが、本当の自分とつながる上で大切です。**

主な煩悩には、貪欲（どんよく）、怒り、妬みがあります。

貪欲とは、絶対に欲しい、何が何でも手に入れたいという「強い欲」のことです。たとえば、何かが欲しいと思ったとします。お金や車など物かもしれませんし、地位や名誉かもしれません。手に入るまであきらめず、ひたすら努力をするのは素晴らしいことです。けれど周りに迷惑をかけたり、法を犯してまでも手に入れようとする人がいます。

怒りとは感情の1つです。怒りが起こる主な原因は、自分の思い通りにならないことにあります。

仏教では、一切皆苦（いっさいかいく）といって、そもそも「人生は自分の思い通りにならない」という考え方を知ることから始まります。**人生は思い通りにならないものです。そのたびに怒りの感情を出すのか、他の方法を考えるのかは自分次第です。**

妬みとは、相手を羨ましいと思う心です。なぜ妬むかというと、相手と自分を比較して、相手のほうが自分よりも優れていると感じたり、自分が欲しいものを相手が持っていたりするからです。それは容姿、キャリア、人脈、お金、環境だったりと、様々です。

このような煩悩が生じる原因として挙げられるのは、こちらの世界は物質の世界ですから「ない」よりは「ある」のがよいという考え方です。

お金もキャリアも人脈も、ないよりはあったほうがよいですし、自分にはないのに、他の人が持っていると羨ましくなり、その思いがどんどん強くなると、妬みになります。羨ましいと思っている間は大丈夫ですが、羨ましいという気持ちが強くなりすぎると、そのことが頭から離れなくなります。

では煩悩をどうしたらよいでしょうか？

まずは自分の煩悩を知ることです。何度もお伝えしているように、ネガティブな反応が出た時が気づけるチャンスです。起こった出来事に対して自分はどうとらえたのか、出来事と自分の反応を客観的に見てください。

ネガティブな反応が出たら、一旦立ち止まって、遠くから見るということが習慣になるまで、何度も何度も意識して取り組んでください。煩悩と仲良く付き合っていくのです（「毒りんご」のページを参考に）。

ネガティブな反応に気づく→立ち止まる→客観的に見る

> **後悔リセット術のエッセンス・その8**
>
> ネガティブは自分の可能性を開くチャンス

❖暗黒時代は本当の自分とつながる絶好の機会

あなたが人生で最もつらかった時期はいつですか？　それをどうやって乗り越えましたか？

人生において、自分ではどうにもできないことが起こることがあります。何をどうしたらよいか、考えることも行動することも、何もできなくなる八方ふさがりの状態です。これを私は暗黒時代と呼んでいます。

暗黒時代にいる時は、周りの人たちが、全員「敵」に見えます。誰一人、自分の味方はいません。頭の中はいつも同じことでぐるぐる回り続け、寝ても覚めてもそのことが頭から離れません。眠れなくなり、心身ともに病んで、生きる目的を見失います。

暗黒時代というのは、一見、最悪に思えるのですが、何かのきっかけで人生を劇的に変えることができる絶好の機会でもあります。

私がコーチングをしたクライアントさんにも、どん底から人生をよりよくしてきた人たちが大勢います。どの人も本気で自分を変えるために、思い切ってコーチングを受ける決断をした人ばかりです。

その人たちに共通しているのは、**「私の人生は、こんなはずじゃない！」という強い思い**です。

「こんなはずではない、このままで終わるはずがない」と、どこかで自分の可能性を信じている自分がいます。実は、それが本当の自分の声なのです。

さらに暗黒時代というのは、本当の自分とつながれる絶好の機会でもあります。「もうダメかもしれない」と、あきらめかけた時に、自分では気づいていなかった本当の自分の存在に気づきます。

本当の自分は、必要な時に必ずメッセージを伝えています。誰にでもその声は聞こえるはずですが、本人が聞こうとしない限りメッセージは聞こえません。もし聞こえたとしても、自分の言葉に上書きされてしまう場合があります。

暗黒時代は周りが全員敵に見えるので、人との会話を避けます。そのことにより、自分に内在している「もう1人の自分」と、最も長い時間、対話をしています。**孤独な時間は、本当の自分とつながりやすくなるのです。**

もしも、あなたにもう1人の自分のメッセージが聞こえたら、ノートなどに記録してください。

メッセージは、ふとした時に浮かんで、すぐに消えてしまいます。後で思い出そうとしても、思い出せない場合がほとんどです。

あなたが「私の人生はこんなはずではない。でも、もうこのままでいい」と思うのか、「私の人生はこんなはずではない。今度こそ人生を変えよう。自分らしく生きよう」と思うのか、それだけです。

本当の自分は絶対に自分をあきらめません。あなたが人生をあきらめない限り、人生は自分次第でどうにでもなります。

後悔リセット術のエッセンス・その9

悩みの奥にある自分の内に秘めた熱い思いが原動力になる

コラム

コーチング実例から1

■長年、人の目や顔色が気になって、生きづらさを感じていたEさんの例

Eさんは子どもの頃から、人からよく思われたい、人に認められたい、人の期待に応えたいという考え方を持っていました。その思いが年齢とともにどんどん強くなり、すべての人からよく思われなくてはいけないと思うようになり、人の目や顔色が気になって、生きづらい人生を過ごしていました。

コーチング内容

誰しも人からよく思われたいとか、人から認められたいという思いがあります。Eさんはその思いが強すぎて、自分を苦しめていることに気づいているにもかかわらず、どうにもできなくて苦しんでいました。

コーチングでは、Eさんの思考のくせに気づいてもらうことからスタートしました。なぜ、すべての人からよく思われなくてはいけないのか。人の目や顔色が気にな

る時と気にならない時の違いは何か。Eさんが今の思考になったきっかけやプロセスを引き出していきます。

Eさんの話から、「失敗したくない」「悪く思われたくない」「完璧でないといけない」という言葉が出てきました。

これらの言葉から、Eさんは二極化思考と完璧主義の傾向があることがわかります。「0か100」「白か黒」「正しいか間違い」という二極化完璧主義思考です。

この思考の傾向を持っている人は、視野が狭く、選択肢が少ないのが特徴です。

Eさんの視野や選択肢を広げるために、0と100の間にはたくさんの数字があること、色には白黒以外にたくさんの美しい色があることに気づいてもらい、二極化完璧主義思考が出そうになったら、それに気づくことだけをお願いしました。

このようにお伝えすると、「ただ気づくだけですか？　それだけですか？」と言うのですが、すべては気づくことからスタートです。自分を苦しめている思考のくせが出そうになったら、気づくだけです。気づくだけで、Eさんを苦しめている思考のくせは和らいでいきます。

思考のくせが出そうになったら気づくということを何度も繰り返していくと、自分で思考を変えようとします。ここがポイントで、今までの思考が変わり始めたのです。

コーチングの結果

Eさんは、今までどれだけ自分を苦しめる思考をしてきたのかに気づき、いつもの思考のくせが出そうになったら、その思考を止めて、別の考え方をするようになりました。つまり、Eさんの頭の中に浮かんでいた言葉を書き換えたのです。

失敗したくない↓失敗することもある、失敗から学べることのほうが多い

悪く思われたくない↓私は自分を信じている、誰も悪く思っていない

完璧でないといけない↓完璧よりも最善を尽くそう、完璧がすべてではない

このように自分の頭の中にある言葉を、どんどん書き換えていけるようになりました。それでも時々思考のくせが出ますが、まず気づいて、一旦停止して、自分を苦しめる言葉が出そうになったら、言葉を書き換えるということをしています。

そして最終的には、本当の自分の言葉を見つけてもらいます。

■上司や同僚との人間関係に悩んでいるFさんの例

Ｆさんは職場の人たちとの人間関係に悩んでいました。自分では一生懸命仕事をしているつもりですが、周りからは、自分はダメな人間だと思われているように感じています。何とか挽回しようと頑張れば頑張るほど空回りし、状況は悪くなるばかり。情けなくてこんな自分が大嫌いで、仕事を辞めようか、どうしたらいいか途方に暮れてしまっている時に、自分を変えたいとコーチングを希望されました。

コーチング内容

人間関係の問題で悩んでいる人から話を聞くと、２つのパターンがあります。

１つは、相手が悪いという場合、もう１つは自分が悪いという場合。

これはどちらも、考え方を変えてもらう必要があります。その理由は、どちらのパターンも自分は被害者だと思っているからです。周りから、自分はダメな人間だと思われているように感じている人の多くは、悲劇のヒロインになっていて、自分は一生懸命頑張っているのに周りが私のことを認めてくれない、気にかけてくれないことへの不満を抱いています。

悲劇のヒロインタイプの人と会話をすると、上手くいかないのは自分がすべて悪いからだと、自暴自棄になるくせが見えてきます。

Fさんは「どうせ私がダメなんです。私はこの仕事に向いていません。私が辞めれば、周りの人たちは喜ぶと思います」と言います。

私は「それ本心ですか？　本当はどう思っているのですか？」と聞きました。

すると、本当は自分は悪くない、相手が悪いと思っていたのです。

私はFさんに、自分の本当の思いや気持ちをノートに書き出すように提案しました。言っていることと思っていることが違う場合、バラバラ事件を起こして、怪しい言動をします。まずは思いと言葉を一致させることを意識してもらいました。

コーチングの結果

Fさんはまだ完全ではありませんが、思いと言葉が一致していないことを自分で気づけるようになりました。自分で気づけると修正できます。気づいては、修正するということを繰り返しています。

思っていることと、言っていることと、行動していることが一致しているのが本当の自分を生きている人です。

2章

【後悔リセット・ステップ②】

本当の自分とつながる

あなたが本当の自分とつながった時、今の自分と何が違うと思いますか?

この世の中で、一番大切な自分に対して、一番厳しくつらく当たるのが自分です。

2章では、本当の自分とつながるために、自分のコアな部分と向き合っていきます。あなたの知らない世界に導かれていきますが、読みながら、あなたが感じたこと、考えたことを大切にしてください。メモをしておくといいでしょう。

❖「自分を大切に扱う」という本当の意味とは

「自分を大切に扱う」とは、どのようなことだと思いますか？

ソーシャルメディアでは、「自分を大切にしましょう」という言葉をよく見かけます。この言葉は、人それぞれ解釈が違うように思っています。

「自分を大切に扱う」とは、どのようなことなのでしょうか？

答えを導き出す時にお勧めの考え方は、逆のことを考えてみることです。この場合は、**自分を大切に扱っていない時はどのような時だったかと考えてみると、自分を大切に扱うという答えを見つけることができます。**

たとえば、自分がやっていることに自信が持てなかったり、自分にダメ出しをしたり、自分のことが嫌いだと思い続けてはいませんか？

自分の存在そのものを否定することは、自分を大切に扱っていないということに他なりません。

それなら「自分を褒めること」でしょうか？

「嫌なことは一切やらずに、自分が好きなことだけをやること」でしょうか？

「自分を大切にしたいので、気分が乗らないから今日は仕事をしません」とドタキャンすることでしょうか？


否定することも、褒めることも、自分を中心にすることも、間違いではありません。それ以上に大切なのが、「あるがままの自分」をそのまま認めることなのです。

ダメな自分があってもいいし、頑張れる自分もある。プライドの高い自分もいて、心が折れそうな繊細な自分もいる。いろいろな自分があって、それが自分なのだということです。

もしあなたに、自分を苦しめる傾向があるならば、自分に思いやりのある言葉（頑張っているね、ありがとう、など）をたくさんかけてください。そして自分をいたわる時間を作ってください。リラックスできる時間、幸せを感じられる時間を意図的に作ってください。最初はなかなかリラックスできないかもしれませんが、慣れていないだけです。自分が満たされてくると、相手のことも大切にしようと思えてきますから。

「自分を大切に扱う」という本当の意味は、自分も相手も大切に扱うということです。**自分だけ大切に扱って、周りの人はどうでもいいというのは、自分を大切に扱うということではありません。**本当の意味で自分を大切に扱っている人は、人に対しても思いやりがあります。

あるがままの自分を認めるということは、周りの人たちに対しても、あるがまま認めるということです。自分のことは認めるけれど、相手のことは認められないというのが、人間関係の究極の課題ですね。

後悔リセット術のエッセンス・その10

自分を大切にするとは、自分が関わるすべてを大切にするということ

❖ 自分の変化や成長を認める

あなたは、自分の変化や成長を認めていますか？

5万人以上の方をコーチングしてきて、自分の変化や成長を自分では気づけない方、認められない方が意外なほど多いと感じています。

Gさんは、コーチングを受け続けて1年が経った時、コーチに「私はコーチングを1年も受けているのに何も変わっていません」と言いました。

Gさんの言葉の奥には、どんな思いがあるのでしょうか？

人から発せられる言葉は、すべてそのままの意味で受け取れるわけではありません。**言葉の奥に本当の思いを隠している場合があります。**

もしあなたがコーチの立場でしたら、Gさんの言葉に対して、

「そんなことありませんよ。Gさんは以前よりも、自分と向き合っていますし、よりよく変わっています」

と言うでしょう。つまりGさんの言葉の奥には、自分の変化や成長を、コーチに承認してほしいという思いがあります。

コーチングでは「承認」といって、相手の存在をあるがまま認めるという関わり方をします。クライアントさんがどのようなことを話しても、コーチは、クライアントさんの存在そのものに、よい・悪いという評価をしません。そしてクライアントさんが以前よりも、よりよく変わられた時、その変化や成長を承認します。

Gさんのように、自分の変化や成長を自分で認めることが苦手な人たちがいます。自分で自分のことが認められないタイプの人は、自分に厳しいため、少しの変化や成長は何も変わっていないと評価し、劇的に変わらないと「自分は変われた」と認められないのです。

このようなタイプの人は、その時々の自分の思いをメモしておくことをお勧めします。ノートを1冊用意してください。私は10年間日記をつけています。そこに、今日どんなことがあって、何を思ったのかを書きます。自分の思い、気持ちを書くことが重要です。その思いや気持ちが年々変化していることに、自分自身で気づくことができるからです。

書くのは面倒だと思うかもしれませんが、**1日3分でよい**のです。

今日、自分がどんな思いで過ごしていたのか、一日を振り返る時間を作ってください。その時間こそが、本当の自分とつながる時間です。

私が生きづらさを抱えていた頃の日記には、毎日「今日も最悪だった」「今日もまた最悪だった」と書かれていました。ところがある時から、「今日も幸せな一日でした。ありがとうございました」と書かれていました。このノートのおかげで、過去の思いや自分の変化を振り返ることができ、成長を認めることができたのです。

後悔リセット術のエッセンス・その11

1日3分、本当の自分とつながる時間を取って、今日の思いをノートに書く

❖目に見えない、耳に聞こえない存在を味方にする

あなたは目に見えない存在、耳に聞こえない存在を信じますか？

私はコミュニケーション講座やビジネス講座を行っていますが、目に見えない世界や魂さんのことをテーマにしたセミナーも行っています。

ある時「現実的にはあり得ない不思議な体験」について、セミナーを行いました。

すると、参加者からたくさんの体験談が出てきました。

時間がなくて急いでいる時に、信号が全部青だった、スーパーの駐車場がいっぱいで探していたら、入り口に近い駐車場が1台分空いていた、運転中に「危ないから気をつけて」というメッセージが聞こえて減速したら、自転車が飛び出してきたものの、間一髪ぶつからずに済んだ、などの体験談です。

郵便局や銀行、ガソリンスタンド、カフェなどに訪れた際、がらがらで「ラッキー」と思っていたら、続々と人が入ってきて店が満席になるという招き猫パワーのある人。

これから出かけるというのに、雷とどしゃぶりの雨で困ったなと思っていたら、出かける直前にやんだ、明日講座を開催するのに、天気予報では荒れたお天気になると言われていたにもかかわらず、穏やかな一日だった、などというお天気や自然ネタ。

なぜこのタイミングで、あの人に会ったのかわからないけれど、その出会いが私の人生を変えたというような運命の出会い。

亡くなったご家族がメッセージを伝えにきた、お通夜の時に電気が急にパカパカし始めた、真夜中に突然テレビがついたなどの現象。難病や癌を克服した、意識不明から回復したという体験を持っている人たちもいます。

「そんなのたまたまです」とか、「偶然です」と言われてしまえばそれで終わりですが、何度も体験していたら、「すべてが偶然?」とは言い切れないのではないでしょうか。

何かの力なのか、お計らいなのか、いずれにしろ、現実的にはあり得ないことが起こっています。きっとあなたも、今までの人生で一度や二度は体験しているはずです。そのことにあなたが気づいているか、気づいていないかの違いです。

私は子どもの頃から、お寺や神社で遊ぶのが大好きでした。「お墓が友達」というかなり変わった子どもでした。**嫌なことがあると、お墓に行って、お墓と会話をして慰められていた記憶があります。**

家族が信仰心の厚い人たちなので、私の家にはあちこちにいろいろな神様がいました。

そんな家庭で育ったので、私は「誰か、何か」が私を守ってくださっていると信じていました。そして「誰か、何か」がいつも私のことを見ていて、悪いことをするとバチがあたり、よいことをすると幸せになると思っていました。

「誰も見ていないから、ちょっとくらいならいいよね」と思ってずるいことをすると、なぜか後で心がざわざわするのです。そして「やらなきゃよかった」と後悔します。

大人になった今のほうが「誰か、何か」の存在を、より強く感じるようになりました。その理由は「誰か、何か」が私を導いてくださっていて、その通りに行動すると、自分の望む結果が手に入り、反した行動をすると残念な結果になるからです。

居心地のよいレストランで食事をしていた時に、急に雷に打たれたような強烈なエネルギーが全身に走りました。私は頭の先からつま先まで感電してしまったかと思うほど、ビリビリしびれたのです。身動きが取れず、しびれが治まるのを待つしかありませんでした。ようやく治まった時、

「魂さんのメッセージを伝えてください」

という声が、どこからともなく聞こえてきました。私はとても懐かしい気持ちになり、

涙が出てきました。この時に「ああ、これが私の使命なのだ」と確信しました。

「目に見えないものを、どうやったら見ることができますか？」「耳に聞こえないものを、どうやったら聞けますか？」というご質問をいただきます。

目に見えないものを見るには、自分に内在している本当の自分の目で見ようとしてください。耳に聞こえないものを聞くには、自分に内在している本当の自分の声に耳を傾けてください。

「私たちは自分の都合のよいように見て、聞いている」と、「毒りんご」のところでもお伝えしました。

目に見えないものを見るためには、あなたの目を閉じてください。目を閉じると、あなたに内在している本当の自分の目で、何かを見ようとするはずです。

今、何が見えていますか？

最初は真っ暗で何も見えないかもしれません。けれど少しずつ何かが見えてくるはずです。焦らず、ゆったりとした気持ちで、自然に見えてくるものに意識を向けてください。今、見えていることが、あなたにとって望む状態でしたら、その状態をそのまま大切にしてください。

もしも自分の望む状態ではなかったり、気がかりなことが見えていたら、そのことに向き合う必要があるサインであり、本当の自分からのメッセージでもあります。

本当の自分の声を聞くには、あなたの周りから聞こえてくる外側の声ではなく、自分の内側に耳を澄ませてください。

目を開けていると、目の前にあることに追われ、本当の自分からのメッセージを忘れてしまいがちです。あなたの心がざわざわした時に、目を閉じて、本当の自分の目と耳で感じてください。

本当の自分とつながるには、自分からつながろうとすることが大切です。最初はどうすればよいかわからないと思います。ただただ、本当の自分とつながろうと思い続けてください。それだけで大丈夫です。

後悔リセット術のエッセンス・その12

目に見えない世界とつながるためには、自分からつながろうとすること

❖あなたは本当の自分とつながっている

あなたは、誰と一番多くコミュニケーションをとっていますか？

私が今までコーチングをさせていただいたクライアントさんの中には、「自分のことがわからない」とおっしゃる方が大勢いました。「自分は何者で、何をするためにこの世に生まれてきたのか。人には生まれながらに、生きる意味、使命、テーマなどがあると聞くが、まったくわからない。だから生きているのがつらい」と。

自分が生きている意味さえわからないのに、使命やテーマと言われたところで、ますます混乱するだけです。

私自身、生きづらさを抱え、何のために生きているのかわからない時期がありました。趣味もやりたいこともなく、自宅と職場を往復するだけの毎日。私の人生はこのまま終わるのだと思っていました。そのような生活をしていた時、

「このままの人生でよいのですか？」

と自分の内側から声が聞こえてきました。私はこのことについて、真剣に考えなくてはいけない気持ちになりました。

私は生きづらさを抱えながら生きていましたが、時々このような声が、どこからともなく聞こえてきて、考えさせられることがあります。あなたにもありませんか？日常過ごしている中で、ふと、どこからかメッセージが聞こえてきたり、何かが上から降りてきたりするようなこと。ひらめきとか、気づきとか、お知らせ、直感とも呼べるかもしれません。

それが前項でお伝えした、目に見えない存在、耳に聞こえない存在であり、私のすべて

のもとであるコア。私はそれこそが本当の自分であり、自分に内在している「魂さん」だと信じています。

あなたは「魂さん」と聞いて、どのようなイメージを持ちますか？

よいイメージを持つ人もいれば、あまりよいイメージを持たない人もいるかと思います。考えたこともないという人もいるかもしれません。

あなたの中に「何か、誰か」が存在していることは気づいていると思います。たとえば、「天使と悪魔」とか、「本当の自分と偽りの自分」・「表と裏の自分」などと表現する人もいますね。それが魂さんだと知ることによって、どんなことを感じますか？　違和感かもしれませんし、何か温かいものを感じるかもしれません。**今あなたが感じていることを大切にしてください。それが本当の自分とつながることです。**

魂さんの存在を信じていなくても、私たちは言葉で魂さんを表現しています。

言霊（ことだま）という言葉を聞いたことがあると思います。

また、最上級の褒め方をする時に、「魂」という言葉を使って表現しているケースを見かけます。**魂レベルでとか、職人魂、魂を吹き込む、精魂込めて仕事をするなど、私たちは「魂」とは特別な存在であることをどこかで認識しているのです。**

私はコミュニケーション講座で、「あなたは一日の中で、誰と一番多くコミュニケーションをとっていますか？」とお聞きします。ご家族ですか？　友人？　知人？　職場の人？　正解は自分です。

では、その自分とは何ですか？　自分と一番コミュニケーションをとっています。私たちは既に魂さんと対話をしているのです。それが自分に内在している本当の自分＝魂さんです。そして本当の自分とつながっています。今までつながっているという意識がなかっただけなのです。

魂さんとは、自分に内在しているもう1人の自分であり、自分のコア（一番大切な「もと」の部分）です。自分の考えや思い、行動を起こす時のコアでもあり、潜在意識のコアです。すべては魂さんから成り立っています。

魂さんが宿っていなかったら、私たちはこの世で生きる意味も目的もなく、生まれてきていません。今、こうして生きているということは、あなたには生きる意味や目的があるのです。これを「使命」とも言います。

後悔リセット術のエッセンス・その13

信じる力こそが、自分の最大のエネルギーになる

魂さんは常に味方で、深い愛を注いでいる

あなたの一番の味方は誰ですか?

魂さんは宇宙に存在しています。そして私たちが生まれる順番が来た時に、使命を持った魂さんが私たちの中に宿ります。

私たちは生まれた時から、こちらの世界を生きるための目的=使命、別の言い方をすると、課題とかテーマを持っています。その使命を魂さんと共に全うするために、魂さんはコーチのような役割を担っています。

一般的に知られているコーチといえば、スポーツのコーチです。コーチは選手が目指し

ている目標を達成できるように、必要な時に声をかけたり、選手に考えさせたり、気づかせたり、一緒に喜んだり、感動したり、時には課題を与えます。

すべては選手の成長のため、結果を出すため（使命を全うするため）です。

魂さんも同じ役割です。必要な時に私たちにメッセージを伝え、時には課題を与えます。目指している方向性が違っていると、軌道修正させられたりすることもあります。**すべては魂さんと共に、私たちが成長し、与えられた使命を全うするためです。**

魂さんが存在している宇宙には、これがよくて、これがダメだという判断基準はありません。よい・悪いと評価をしているのは私たちです。その証拠に、自然界によい・悪いはあるでしょうか？　私たちが生きやすくなるために、人間の都合でよい・悪いと評価していることに気づくと思います。

人生は、自分に起こるすべてのことに意味があり、使命を全うするために与えられています。人生には何一つ無駄なことはないと言われる所以（ゆえん）は、ここにあります。

あなたが困難に直面した時、

「私は何を学ぶ必要があるのでしょうか？」

と魂さんと向き合ってください。魂さんと向き合うということは、**問題から逃げずに、**

誠実に対応することです。魂さんは、常に私たちと一緒に問題を乗り越えていこうとしています。

魂さんの目線を知っていると、物事を冷静に見ることができます。魂さんの目線とは、よい・悪いとか、損得などの評価をせずに、起こった出来事に対して客観的に、様々な角度から自由自在に眺めることです。宇宙からドローンで、あなたを見ているイメージです。俯瞰（ふかん）するとも言います。

魂さんの目線で見ると、私たちはいろいろな物事に対して、いかに狭い視野で見て判断しているか、自分の頭や心を悩ませているかに気づけます。

今、あなたが何か悩んでいることがあったら、魂さんの目線で見てください。

自分だけが苦しい、つらいと思いがちですが、魂さんがいつも一緒にいます。

魂さんは全力であなたを応援し、深い愛を注いでいます。その悩みに対して、魂さんが一番の味方であり、あなたが乗り越えられることを信じています。

あなたは決して1人ではありません。

魂さんからの深い愛を感じてみる

❖自分のエネルギーを整えるグラウンディング

あなたは地に足がついていますか？

「地に足をつける」という言葉を聞いたことがあると思います。魂さんの存在を知らなくても、地に足をつけることを大切にしている人たちがいらっしゃいます。地に足をつけることをグラウンディングと言います。

私は以前から「魂さんとつながるグラウンディング」の講座を行っています。

不思議なケースなのですが、自分の身体から魂さんが抜けて、ふわふわする感覚を訴える人がいます。実は私も一時期、身体がふわふわと宙に浮いている感覚がありました。自分の足で歩いているのに、足が地面についていていない感覚なのです。おかしいなと思っていたら、歩いている時に段差も何もないところで転んでしまいました。こんなことは人生で初めてのことで、その時に「地に足がついていない」と、はっきり気づきました。

すると、どこからともなくメッセージが降りてきて、「グラウンディングをするように」と指示が来ました。

最初は慣れないせいで上手くできませんでしたが、毎日グラウンディングを続けていくうちに、ふわふわした感覚がなくなり、地に足がつき、「魂さんとつながった」ということがわかりました。

ふわふわしている感覚というのは、魂さんとつながっていていないため、魂さんが自分の身体の中と外を出たり入ったりしている感覚で、まさに抜け殻です。

あなたにもそんな体験はありませんか？

ここでグラウンディングのやり方をお伝えします。あなたもグラウンディングをして、自分の魂さんとつながってください。

■グラウンディングのやり方

立って行います。

「今からグラウンディングをします」と言い、一礼します（直接口に出さず、心の中で唱えてもOKです）。

両足を腰幅に開いて立ちます。

腕は身体の横に自然な状態で置きます。

呼吸は楽にゆっくりと。

顔は正面を向いたまま、目を閉じます。

今、自分は大地の上にしっかりと立ち、地球とつながっているというイメージをします。

地球のコア（中心）からエネルギーが自分に向かって上昇し、足元から自分を包み込むように身体、頭の先まで、全身にエネルギーが通るイメージをします。

そのエネルギーはそのまま宇宙の果てまで届いていきます。

全身にエネルギーが通ったと感じたら、心の中で「ありがとうございます」と唱えます。

最後にゆっくりと一礼します。

ここで目を開けて終了です。

これを1回につき1分くらいで行います。基本は朝、夜と2回行います。ただし、自分で地に足がついていないとか、何か嫌なことを引き寄せている、気分転換したい、緊張を和らげたいなど、「グラウンディングをしたい」と思ったタイミングで行っていただいても大丈夫です。

「後悔リセット術のエッセンス・その1」（21ページ参照）と、1日3分、本当の自分とつながる時間をとって、今日の思いをノートに書くことをセットで、『寝る前の「感謝の儀式」』として行うことをお勧めします。

最初は慣れないために、上手くできないと思いがちです。私も最初はそうでしたし、グラウンディングを実践している大勢の方もそうでした。

1日2回というのを忘れてしまうこともあるかもしれませんが、そのような時は思い出した時にやってください。それで大丈夫です。

慣れてくれれば、自然とグラウンディングをしたいと思うようになるでしょう。

「3分メモ→グラウンディング→感謝の儀式」。これを日課にしましょう。

後悔リセット術のエッセンス・その15

グラウンディングにより自分のエネルギーを整え、魂さんと深くつながる

❖魂さんからのメッセージを受け取る方法

あなたは、魂さんからのメッセージを聞いたことがありますか？

私は何度もあります。そして命を助けてもらいました。魂さんは必要な時に、私たちにメッセージを送っています。あなたにも、ふとした時に何かが上から降りてきたとか、急に何かを感じたというようなことがあるのではないでしょうか。もしかしたら気づいていないだけかもしれません。

私が魂さんのメッセージを確信したのは、手術することが決まった時です。口の中に腫瘍ができ、検査のために摘出手術をすることになりました。腫瘍の大きさによっては、話すことが困難になる場合があると医師に言われました。私はとてもショックを受けました。コーチングの仕事が楽しく、やりがいを感じていた時に「どうしてこんなことになってしまったのだろう」と病院の廊下で途方に暮れていました。

すると、

「切らないで」

という声のような、お告げのような、何かが聞こえてきたのです。

そのまま聞こえてくるメッセージに耳を傾けていたら、

「え？　今の何？」

「手術の日の朝に消えているから、切らなくて大丈夫」

と、また聞こえてきました。私はその時に、何の根拠もないのですが、この腫瘍は必ず消えて、私は手術をしないで済むのではないかと思いました。

そして手術の日の朝、腫瘍は消えていました。

病院に行くと、先生はとても驚きました。ない物は切れないと。手術は中止になり、それ以降、腫瘍は一度も再発していません。

この体験から、私は常に何かが守ってくださっていて、必要な時に私にメッセージを伝えているということに気づきました。

私は過去にもこのような体験があったのかもしれないと、記憶をたどっていきました。

すると、**私は人生のターニングポイントで、魂さんのメッセージを受け取っていたことを**

思い出しました。

転職をしようか迷っていた時、人生において大きな決断をした時、コーチングを学んでコーチになろうと思った時など、必要な時にメッセージを伝えてくださっていたのです。

魂さんのメッセージは、誰でも聞くことができます。**なぜなら、すべての人に魂さんが宿っているからです。**ただし、メッセージが聞こえることを知らなかったり、信じていなかったり、聞こうとしていない場合、当然ですがメッセージは聞こえません。

そして、メッセージは自分の都合のいいように聞くことはできません。もしそれができてしまったら、私たちが魂さんを自分の都合で操っていることになります。

「魂さん、私は今、困っています。どうしたらよいか答えを教えてください」とお願いした場合、本当にメッセージが必要な場合は、メッセージを聞くことができます。自分で考えてほしい場合は何もメッセージはありません。メッセージがないことも魂さんからのメッセージなのです。

魂さんからのメッセージは、私たちが使命を全うするためのメッセージなのです。

魂さんのメッセージを受け取って、翻訳するのは私たちの心です。たとえば一日の中で、あなたがよく頭に浮かんでいる言葉や、思いがあるとします。1つのことにこだわって、そのことをずっと考え続けていると、魂さんからのメッセージが受け取りづらくなってしまいます。

魂さんはあなたの頭や心が空っぽになっている時や、落ち着いてリラックスしている時にメッセージを伝える傾向にあります。それは、あなたが魂さんのメッセージを聞ける状態になっているからです。

あなたにどうしても伝えなければいけないような時や、あなたが魂さんのメッセージを聞こうとしていない時は、少し手荒な方法で伝えます。けがをする場合があるかもしれません。私のように病気になる場合もあります。失敗をするかもしれませんし、物をなくすかもしれません。それはあなたにどうしても伝えたいことがあるからです。魂さんは手荒なことをしてメッセージを伝えたくはないのですが、このような方法で強制的にメッセージを伝える場合があります。

目の前にある課題（嫌なこと）**から逃げていると、次々と課題が押し寄せてくるとか、**

次に与えられる課題は以前よりも大きくなってやってくるということを聞いたことがありませんか？

１つ課題をクリアしても、また新しい課題が現れて、一生、課題と向き合い続けなければならないと嘆く人もいます。それは魂さんがあなたに使命を全うしてほしくて、そのような状況になっていると考えてみてください。自分に起こるすべてのことに意味があるのです。

後悔リセット術のエッセンス・その16

魂さんからのメッセージは最重要連絡事項

魂さんのメッセージは、はっきりと文章で聞こえてくる場合と、ぼんやり聞こえる場合があります。キーワードの場合もありますし、匂いや映像で伝えてくる場合もあります。メッセージの伝え方は決まっていませんが、大切なのは、何かをキャッチした時に、スルーせずに、しっかり向き合うことです。

❖本当の自分とつながる＝本当の自分を生きる

何の制限もなかったら、あなたはどんな生き方をしたいですか？

人生は自分の思い通りにならず、よいことも悪いことも起こります。ふとした瞬間に理由もなく不安になったり、何のために生きているのかわからなくなったりすることもあります。

毎日、ずっとよいことばかり続いてくれたらいいのになぁと思うのですが、そうはいかないのが人生です。できることなら、後悔のない人生を過ごしたいですし、幸せな人生を送りたいのです。

私の周りの人たちを見ていると、世の中の出来事に影響され、目先の損得を追い求めて自分を見失っていたり、振り回されたりする人がいます。

その一方で、ぶれることなく、本当の自分を生きている人たちがいます。その違いは何かと思った時に、魂さん（本当の自分）とつながっているかどうかだけだと気づきました。

私自身もそうでしたが、人の目や顔色が気になって周りに振り回されていた時は、魂さんの存在に気づくこともなく、人の評価ばかりが気になっていました。いつも気になるのは人の目や顔色です。何かを決める時、行動する時、発言する時などすべてのことにおいて、「周りからどう見られているのか」ということが基準になっていたのです。

そんな私がやっと自分らしく生きられるようになったのは、自分の魂さんの存在に気づき、魂さんとつながったからです。

私はグラウンディングをして魂さんとつながった時や、魂さんのメッセージが聞こえるようになった時に、これからは魂さんをコアにして、物事を考え、決めていくことにしました。

迷ったら、魂さんが望むのはどちらかと考えました。

自分が冷静な時は、魂さんが望む方向がわかります。けれど自分の心がざわざわしていたり、イライラしていたりすると、どうしても感情に引っ張られてしまい、魂さんの存在を忘れてしまいます。特に自分の思い通りにならない時や、予期していないことが起きた時は要注意です。

今やっていることをやめるのか、続けるのか。
新しいことをやるのか、やらないのか。
自分の意見を言うのか、言わないのか。
この人と一緒に仕事をするのか、しないのか。

人生には迷う時があります。たいていの人は、自分が痛い思いをしないほうや、自分が損をしないほう、無難なほうを選択します。

私も人生が上手くいかなかった時は、いかに自分が損をしないか、有利になるのかということを基準に選択していました。けれど人生は豊かにはなりませんでした。

魂さんをコアにした場合、魂さんが本当に望んでいるのはどちらなのか？　と目を閉じて魂さんとつながってみると、答えはわかります。

自分の頭や心が納得できず、違う選択をしそうになる時もありますが、私は魂さんが望むほうを選びます。人に振り回されたり、迷ってばかりいるような生き方は終わりにしたいのです。

ここまで、本当の自分とつながれない理由、本当の自分とつながる方法についてお伝えしてきました。

本当の自分とつながりづらい人というのは、何か新しい情報を聞いた時に「難しい」「わからない」「私には無理、できない」ということを真っ先に思います。

今までの人生、自分のネガティブな言葉や思いに振り回されて、本当の自分とつながりづらかったことでしょう。でもここまで読んでくださったあなたは、既に本当の自分とつながっています。自信を持って本当の自分を生きていきましょう。

後悔リセット術のエッセンス・その17

魂さんとつながっている私たちは、幸せになることが決まっている

コラム

魂さんとつながるグラウンディング講座から

グラウンディング講座には、毎回いろいろな事情を抱えておられる方が参加されます。講座に参加して人生が激変した、改善したという方も多数おられます。その中の例を2つご紹介します。

(1)

グラウンディング内容

家族や親せきが問題を抱え、精神崩壊寸前だったHさん。最後の頼みの綱でグラウンディング講座に参加しました。

グラウンディングの結果

グラウンディング講座に参加し、その後グラウンディングを続けた数ヶ月後、骨肉の争いをしていた家族や親せきが急に穏やかになり、どうにもならなかった問題が、嘘のように解決しました。

(2)

グラウンディング内容

ある時を境に、抜け殻のようになってしまったという夫を助けたくて、グラウンディング講座に参加されたIさん。病院に行っても原因がわからず、処方された何種類かの薬を飲んでいますが、改善できなくて困っていました。

グラウンディングの結果

Iさんが家でグラウンディングをすることにより、家の中のエネルギーを整えました。Iさんがグラウンディングを習慣的に行うことで、夫の症状は少しずつ改善し、夫もグラウンディングを行うようになり、職場に復帰できるようになりました。

章

【後悔リセット・ステップ③】

本当の自分を生きる

あなたは何のために生きていますか？

この質問は、この世に存在する命あるものすべてに対する究極の質問ではないでしょうか。

「自分は何のために生きているのだろうか？」と人生の中で考えたことがあったことでしょう。

3章では、その答えがわかります。自分が何のためにこの世に生まれてきたのかということが。そしてあなたがこちらの世界で、どんなに大切な人なのかということも。

❖私たちはどこから来てどこに帰るのか

あなたの魂さんはどこから来て、どこに帰ると思いますか？

この質問は、「あなたはどこから来て、どこに帰るのですか？」ということと同じです。人生の中で一度は、このようなことを考えたことがあると思いますし、私たちが一番不安になるのは、「どこに帰るのか」ということではないでしょうか？

少し考えてみてください。

ある人は、神様の国から来て、神様の国に帰ると答えるでしょう。
ある人は、あの世からこの世に来て、またあの世に帰ると答えるでしょう。
ある人は、考えたことがない、まったくわからないと答えるでしょう。

私たちの魂さんがどこから来て、どこに帰るのかの答えとして、どれが正解で、どれが間違いというのはなく、大切なのは、あなたが何を信じているのかということです。

あなたが、自分は神様の国から来て、神様の国に帰ると信じているのなら、それがあなたにとっての答えです。**はっきりしているのは、私たちは「どこか」から来て、「どこか」に帰るということです。**

私は、魂さんの世界から来て、魂さんの世界に帰るとお伝えしています。

魂さんの世界は痛みも苦しみもない世界です。よい・悪いという評価や、上下関係もありません。争いのないとても穏やかな世界です。その世界にたくさんの魂さんがいて、宇宙の摂理によって、魂さんは私たちの肉体に宿ります。

「魂さんの世界はどこにありますか？」というご質問をいただきます。

何か特別なところに行くようなイメージを持っている方もいらっしゃるかもしれません。

魂さんの世界は宇宙にあります。私たちが住んでいる地球も宇宙にあります。ということは、魂さんの世界も私たちが生きている世界も同じ宇宙にあります。

私たちは亡くなると、肉体は滅び、魂さんに戻ります。一般的に、私たちには魂さんは見えませんが、姿かたちは見えなくても、魂さんも私たちも同じ世界に存在しています。

たとえば、亡くなった方があなたのそばで見守っている気がするとか、必要な時に何かを教えにきてくれるという経験はありませんか？

ほんのわずかですが、魂さんを見ることができる人がいます。私は魂さんを見ることはできませんが、私の知人に見える人がいて、どう見えるか聞いたことがあります。

白いものがあちらこちらにたくさんふわふわ浮いていて、活発に動いている魂さんもいれば、じっと動かない魂さんもいるそうです。

魂さんを見たいと思うかもしれませんが、見ることよりも魂さんとつながって、魂さんと共に生きることを大切にしてください。

後悔リセット術のエッセンス・その18

魂さんと私たちは1つの世界でつながっている

命の時間よりも大切なこと

あなたは、自分の寿命を知りたいですか?

多くの人が、元気で長生きしたいと思っているのではないでしょうか。そして人生を全うしたいと思っていることでしょう。

魂さんの世界から来て、魂さんの世界に帰るまでの時間が私たちの命の時間で、寿命と言われるものです。**寿命は長いからよいとか、短いからダメということはまったくありません。**

私たちの命の時間はどうやって決まるのでしょうか。

魂さんには時間という概念はありません。1日24時間という概念が通用するのはこちらの世界だけです。

それぞれの魂さんは、こちらの世界で全うすべき使命を持っています。その使命を全うするために、私たちが役割を受け持ち、役割が終わった時、私たちは魂さんの世界に帰ります。

ある魂さんは1時間で魂さんの世界に帰るかもしれませんし、ある魂さんは100年かもしれません。1時間よりは100年のほうがよいと思うかもしれませんが、それはこちらの世界の考え方であって、**魂さんの世界では、使命を全うすることが最優先であり、最**

重要になります。

「使命を全うせずに、何かをやり残した状態で、魂さんの世界に帰る人もいるのではないでしょうか？」と疑問に思うかもしれません。

確かにこちらの世界から見たら、あの人はまだ魂さんの世界に帰りたくなかったかもしれない、もっと生きたかったに違いない、と思うかもしれません。けれど魂さんの世界から見たらどうでしょうか？

魂さんの世界にはよい・悪いとか、完了・未完了はありません。すべてが完結しています。こちらの世界から見たら道半ばとか、後悔があると思うことも、魂さんにとっては「使命を全うしたら、魂さんの世界に帰る」という極めてシンプルな宇宙の摂理です。

こちらの世界から見て私たちが思うことと、魂さんの世界から見て感じることには大きなギャップがあります。

本当の自分を生きるようになると、いろいろな物事が魂さんの世界からも、こちらの世界からも見えるようになります。そして魂さんの世界と、こちらの世界の距離がどんどん縮まって、魂さんの世界と、自分が生きている世界は1つであると思えるようになります。

後悔リセット術のエッセンス・その19

命の時間の長さより、自分の使命を全うすることのほうが何倍も重要である

魂さんは今までの実績を記憶している〜カルマについて

あなたは、カルマという言葉を聞いたことはありませんか?

魂さんの世界には、たくさんの魂さんがいます。魂さんには上下関係や、よい・悪いはまったくなく、どの魂さんも愛という成分でできています。

魂さんたちは何回も繰り返し肉体に宿り、こちらの世界で、私たちと共にいろいろな体験をしています。

私たちがこちらの世界で体験したことが、魂さんの実績となり、記憶されます。その中でも、**私たちの人生に最も影響を与えた体験がカルマ**と言われるものです。

ある人は、魂さんとつながることができず、本当の自分を生きることができなかったとしましょう。またある人は、魂さんの使命に反したことをしてしまったとしましょう。

こちらの世界でやり遂げられなかった後悔や未完了を持ったまま、魂さんは魂さんの世界に帰っていきます。それが魂さんの実績として記憶され、カルマとなります。

こちらの世界でやり遂げられなかった後悔や未完了があると、人生を全うしていないのではないかと疑問に思うかもしれません。でも、それはあくまでもこちらの世界での見方でしたね。魂さんの世界では、カルマは悪いものではありません。私たちの人生の中で最も強く印象に残った行いです。そして魂さんが人間に宿って、こちらの世界に命をいただいた時に、カルマは、再び私たちの行いに影響を及ぼします。場合によっては私たちが克服しなければならない課題になることもあります。

たとえば、Jさんが不義理をしたとしましょう。Jさん自身は不義理をしたと思っていなくても、魂さんが不義理をしたという実績を記憶します。Jさんに不義理をされたKさんも、魂さんが不義理をされて悔しい思いをしたという実績を記憶します。

こちらの世界では、不義理というのはよくないとされる行為です。けれどあちらの世界では、不義理をした実績が残るだけで、よい・悪いという意識はありません。

この実績を持った魂さんたちが、再びLさん、Mさんという人間の肉体に宿って、こちらの世界に誕生し、成長していく中で、不義理の記憶がよみがえってきます。その記憶が無意識にLさん、Mさんに影響を与えていきます。このようにカルマは繰り返されます。

1章でお伝えした自分のしたことが自分に返ってくるということにも通じていますね。

私たちは、自分の魂さんの1つ前の魂さん（一般的に前世と言われている）が体験した実績を受け継いでいます。私たちが持って生まれた性格とか、運命、宿命とも言われ、これらもカルマととらえられます。

世の中には、とても努力して、誠実に生きているのに、なぜか人生がよりよくならない人や、お金の問題、家族の問題、病気を抱えている人がいます。

「なぜ私が受け継がなくてはいけないのですか？　私には関係ありません」「カルマなんて信じません」「こんな運命はひどすぎます。受け入れられません」と、抵抗したい気持ちや、受け入れたくない気持ちがあるかもしれません。

誤解のないようにお伝えすると、**あなたが何か悪いことをしたから、嫌なカルマを背負**

わされたのではありません。

あなたは、1つ前の魂さんの体験を受け継ぐために、こちらの世界に命をいただいたのですね。そして、それを全うするという使命を持って生まれてきたのです。別の言い方をすると、自分でカルマを選んで、自分の意志で生まれてきたということです。

今はまだ頭では理解できていなくても、本当の自分は納得しているので、安心してください。**頭で考えるよりも心や魂さんで感じることを優先していくと、のちに出てくる理想の状態（三位一体）に近づいていきます。**

自分のカルマはどうやって知ることができるでしょうか？

今までの人生で、繰り返し起こる出来事はありませんか？　何度も向き合わされるテーマ（課題）や、繰り返し失敗してしまうこと、長年あなたを苦しめていること、どうしても許せないこと、それがカルマです。カルマは大きく4つに分けられます。

身体のこと（病気、けが、障害、短命、不妊、遺伝など）

お金のこと（仕事、借金、窃盗、破産、貧困、詐欺など）

人間関係のこと（家族、友人、恋愛、結婚、離婚など）
それ以外のこと（性格、くせ、環境、事故、依存症、犯罪など）

これを見て、あなたが気になった項目はありますか？　あるいは今、問題を抱えている項目はありますか？　それがあなたのカルマです。

もう一度お伝えしますが、カルマは悪いものではありません。あなたが悪いのでもありません。あなたが前世から受け継いだ魂さんの実績です。

自分のカルマが何となくおわかりいただけたら、カルマと共に生きると決めてください。カルマを受け継ぐことが私たちの使命です。カルマから逃げようとした場合、カルマは姿かたちを変えて、次々に目の前に現れます。

カルマと共に生きるということは、自分に起こるすべてのことに誠実に向き合うことです。そして一つひとつ完了することを心がけてください。すぐに完了できることもあれば、時間がかかることもあります。時間がかかっても、上手くできなくても焦る必要はありません。魂さんはいつもあなたに愛を注いでいます。

私たちはこちらの世界で、限られた命の時間の中で様々なことを体験することによって、自分の魂さんの記憶を更新したり、実績を新たに作っていきます。

カルマをアップデートしていくのですね。これも魂さんの使命を全うすることなのです。

後悔リセット術のエッセンス・その20

カルマは前世から自分だけに贈られた特別なプレゼント

❖ 生きる目的＝使命は1つ

あなたは、今までの人生で、生きる目的がわからなくなったことはありませんか？


「私はやりたいことがわかりません」

「私は何をしたらよいのかわかりません」

「私は何のために生きているのかわかりません」

というご相談を多くの方から受けます。誰もが人生の中で、一度や二度は必ず不安に思うことではないでしょうか。

私自身、何度も生きている意味がわからなくなったことがありました。私は何のために生きているのか？　そもそも生きる意味があるのかと。

このような悩みを持つ理由として考えられるのは、一生に一度の人生を本気で生きていきたいからです。

自分がやっていることは中途半端なのではないか。

本当に自分がやりたいことではないのではないか。

自分の使命とは違うのではないか。

つまり、本当の自分を生きている実感が持てないからです。自分の生き方について本気で考えている人ほど、人生を迷いやすいのです。

他の理由としては、自分で考えることが苦手な場合があります。自分に自信が持てないと、自分で考えて決めたことが、それでよいのかどうか不安になってしまいます。そのため自分で生きる目的を見つけることができません。

たとえば「あなたの魂さんの使命は何ですか?」と聞かれた時に、「使命」についてどのようなイメージを持ちますか? 何か壮大なものとか、立派なもの、人さまに話せるようなもの、などとイメージされるのではないでしょうか?

「私の使命は世界中の人々を助けることです」とか、「私の使命は世界中の人たちが暮らしやすくなるような発明をすることです」という感じです。

誰かと比較して、自分の使命は小さすぎる、もっと立派な使命を見つけなければと思ったり、自分が理想とする使命のイメージが現実的でなかったりします。

「私の使命は何かわかりません」

「私には使命は必要ありません」

と言う人がいますが、わからなくても、必要なくても大丈夫です。なぜなら、あなたの使命は魂さんがわかっているからです。

私たちはこの世に命をいただいた瞬間から、生きる目的=使命を持っています。それは、**自分の命の時間が終わるまで、自分の魂さんとつながって、いろいろな体験をすること**です。あるいは、**魂さんの実績(カルマ)を受け継いでいくこと**と思ってください。もっと簡単に言うと、**魂さんとつながって生きること**です。それが生きる目的=使命です。

あなたの過去世さん（あなたの前世より、もっと前の魂さん）が、何代にもわたって、実績というバトンをつないで、リレーしているというイメージです。

私たちがやれることは、一日一日、誠実に生きていくことです。

一日の終わりに、「今日、私は誠実に生きただろうか？」「今日、私は後悔のない一日を生きただろうか？」と自分に聞いてください。「はい」でも「いいえ」でもよいのです。

1章でお伝えした寝る前の「感謝の儀式」を行ってください。

後悔リセット術のエッセンス・その21

こちらの世界で誠実に生き抜いていくことが自分の使命

❖正しさよりも信じること

あなたがこの世で信じているものは何ですか？

「自分を信じています」とか、「神様を信じています」という人が多いように思います。

答えは2つしかありません。**自分か、自分以外か、です。**もちろん、どちらが正しい・間違いはありません。正しさよりも、信じることが最高のエネルギーを生み出します。何かを信じると、あなたの内側からエネルギーが湧いてきませんか？

私が講座で魂さんについて話をした時に、参加されたみなさんの中には、そのまま信じて聞いている人と、懐疑的な人がいました。

私の講座に参加されたNさんは、魂さんについて信じているところもありましたが、半分疑っていました。

「魂さんのメッセージを聞く」というワークを行った時、Nさんに異変が起こりました。急に目の前が真っ暗になって、気分が悪くなったのです。私はすぐにNさんをヒーリングし、起こった現象を鎮（しず）めました。

Nさんは、「これは本当？」と少し疑いの気持ちを抱きながら、ワークに臨んだことを、とても後悔されていました。

魂さんのことを信じたい自分と、疑っている自分が、内側で戦いを始めると、このような現象が起こる場合があります。今回は真っ暗に見えたのですが、中には変な匂いをキャッチしたり、めまいがしたり、頭が痛くなったりということもあります。原因は、頭と心と魂さんがバラバラ事件を起こしているからです。心身のバランスを崩したといったほうが、受け取りやすいかもしれませんね。

理想の状態は三位一体です。

魂さん、あなたの心、あなたの頭（思考）。

魂さんの世界が本当に存在するのかどうかは、信じるか・信じないか、それによります。残念ながら目に見える根拠を示すことができません。

「魂さんの世界に行ったことがある」という話をされる方がいますが、「その証拠は？」と聞かれても、「行ってきた」としか言いようがありません。あるいは、自分が魂さんの世界で見たものや、体験したことをお話しするしか方法がありません。

世の中にいろいろな情報がある中で、私たちは何が正解で何が不正解なのか、答えを知りたがります。けれど目に見えない、耳に聞こえないものに対して、どうやって正解を示すことができるでしょうか？

世の中には正解・不正解と言い切れないことや、根拠を証明できないことがたくさんあります。

その1つが私たちの人生です。**今起こっていることに対して、正解・不正解と思って**

も、長い年月から見たら、正解が不正解になることも、不正解が正解になることもあり、これは私たちが魂さんの世界に帰るまでわかりません。

そして魂さんの世界に帰ると、正解・不正解という概念はないので、結局、正解・不正解をはっきりさせることは重要ではない、ということがおわかりいただけると思います。**本当の自分を生きるということは、自分の魂さんを信じているかどうかだけです。**たったこれだけのことが、私たちの人生に大きな影響を与えていきます。

たとえば、人生には何度か決断をする場面があります。それは今日、何を食べるかという小さな決断から、就職、結婚、転職など、人生に大きな影響を与える決断、あるいは自分の命に関わる決断もあります。そのような時に、魂さんとつながり、魂さんを信じていると、自分が本来進むべき道が自然に用意されます。

後悔リセット術のエッセンス・その22

本当の自分（魂さん）を信じる人は、すべてを味方にする

❖ 魂さん・心・頭（思考）を一致させる

あなたは、心で思っていることに素直に生きていますか？

「頭ではわかっているのですが、心が納得していません」という言葉を聞くことがあります。私が魂さんとつながっていない時に、心で思っていることと、実際に考えて話していることが違っていたことがありました。心では「こんなこと本当はやりたくないのに」と思っているのに、相手の顔色を気にして、「頑張ってやります」と言っていたのです。

当然ですが、このような状況ではよい結果は出ませんし、心と身体を壊しかねません。

なぜこのようなことが起こるのかというと、魂さんと心と頭（思考）が、バラバラだからです。

理想は三位一体です。魂さんと心と頭（思考）が一致すること。

魂さんはいろいろなことを感じています。
心はいろいろなことを思っています。

頭はいろいろなことを考えています。

魂さんは、いろいろな方法で私たちにメッセージを送っています。そのメッセージを受け取って翻訳しているのが心です。心は魂さんのメッセージをそのまま頭（思考）に伝えています。心が感じている思いを頭がそのまま受け取ってくれればよいのですが、他に考えがある時は、どんなに心が思っていても、頭が心の思いをスルーしてしまいます。

子供の頃、伝言ゲームをしたことがあると思います。最初の人から最後の人まで、メッセージを正しく伝えていくゲームですね。

たとえば、魂さんは「やってみたい」とメッセージを送っているとします。心がそれを受け取り、頭に伝えようとしますが、頭が「面倒くさい」という言葉を思い浮かべると、心は言葉の影響を受け、やる気がなくなります。

頭（思考）は重要なことよりも、緊急なことに意識が向きやすく、目先の損得に影響を受けやすいです。いかに自分が損をしないか、不利にならないかということに重きを置きます。

結果、感じていること（魂さん）、思っていること（心）、考えていること（頭）がバラバラなため、よい結果を生み出すことができません。

バラバラな状態を放置しておくと、それが自分の思考のくせになります。考えがまとまらず、人の意見に影響を受けます。これが人に振り回されてしまう原因の1つです。

本当の自分の思いを無視し続けていると、心がその状況に耐え切れなくなって、病んでしまいます。

私たちの心の思いを消す代名詞として、
面倒くさい
無理
できない
自信がない
という言葉があります。この言葉が自分の内側で聞こえてきたら、イエローカード

です。**日頃、自分が真っ先にアクセスしているところは、頭なのか、魂さんなのか、ということを思っているだけでも、生き方が変わります。**

重要なことほど、魂さんに真っ先にアクセスしてください。アクセス方法を間違えたことに気づいたら、グラウンディングをして、自分を整えてから、魂さんの存在を感じてください。

後悔リセット術のエッセンス・その23

違和感は魂さんにアクセスするサイン

終わり方を丁寧にすると幸福度が増す

あなたは、終わり方と聞いて何を思いましたか？

何かを始める時は、やる気があってワクワクしています。ところがモチベーションが続かなくなり、だんだん面倒くさくなってきます。そしてある日、終わりにします。それもきっちり終わるのではなく、自分の都合で一方的に終わったり、中途半端に終わったり、嫌な思いを残して終わる、爆弾を投げて終わる、わざわざ終わることをアピールして去る人もいます。そんな経験はありませんか？　これでは完了したことになりません。

日常生活の中での終わり方としては、食事の終わり方、お風呂やトイレの終わり方、会議の終わり方、仕事の終わり方、習い事の終わり方、一日の終わり方、会話の終わり方、人と会った時の別れ方も終わり方と言えます。こうやって例に挙げただけでもたくさんあります。**何かを始めれば、当然終わりがあるのです。**

あなたは終わり方をどのくらい意識していますか？　どうやって終わろうと思っていますか？

私はコミュニケーション講座で、**「コミュニケーションは1回1回完了することを意識しましょう」**とお伝えしています。会話の終わり方、話の終わり方、別れ方など、特に終わり方が大切であると考えています。コミュニケーションが1回1回完了できていないと、そのことが気になったり、心がざわざわしませんか？

一般的にコミュニケーションは、第一印象が重要であるということはご存じですね。第一印象が、その人の印象を半永久的に決めていくからです。また、会話の中で「あなたと初めてお会いした時の印象は……」という話題が出ることもよくあります。

けれど第一印象がよくても終わり方がよくないと、残念な印象が強く残ってしまいます。

たとえば、残念な終わり方で別れた人がいるとします。考えたくないことですが、残念な別れ方をしたのが、その人との最後のコミュニケーションだったとわかった時、きっと悔いが残ると思うのです。喧嘩別れが、その人との最後になってしまったということもあるでしょう。このようなことは稀（まれ）ですが、現実にはあり得ることです。だからこそ、終わり方が大切なのです。

そして**一番よく考えてほしいのが、自分の命の終わり方です。**命の終わり方もコミュニケーションと同じです。人の記憶に強く残るのは、誕生よりも、その人がどう亡くなったかという人生の終わり方です。

「お母さんは安らかに旅立った」とか、「お父さんは最後の最後まで手がかかって大変だった」などと、命の終わり方について話すことのほうが多いですね。

私は、クライアントさんに必ず聞く質問があります。それは、「人生の最期の瞬間、ひとことだけ言うとしたら、何と言ってこの世を旅立ちますか？」ということです。

ほとんどのクライアントさんから共通して出てきたのが、「私の人生は最高でした」「幸せでした」「ありがとうございます」「とても感謝しています」という言葉です。誰一人、「後悔しています」「無念です」「死にたくないです」というようなネガティブな言葉は言いません。

このことからわかるのは、人はきちんと完了してこの世を旅立ちたいと思っているということです。そして**人生の最期に「幸せでした」と言いたいのであれば、今日も、今も、「幸せでした」と言えるように過ごすことです。**人生最期の言葉が、私たちのこれからの生き方になります。

あなたは人生をどのように終わりたいですか？　以下の質問について考えてみてください。

問1　あなたは何歳で、この世から魂さんの世界へ旅立ちたいですか？

問2　なぜその年齢にしましたか？

問3　その年齢で旅立つことに1ミリの後悔もありませんか？

それはなぜですか？

まったく後悔がない場合は、問4へ。

もし後悔がある場合は、もう一度、問1から考えましょう。

問4　あなたが魂さんの世界に旅立つ時、どこにいますか？

問5　あなたが魂さんの世界に旅立つ時、どんな服を着ていますか？

問6　あなたが魂さんの世界に旅立つ時、誰が周りにいますか？

問7　あなたが魂さんの世界に旅立つ時、最期に何をしたいですか？

問8　あなたが魂さんの世界に旅立つ時、周りの人たちに何を言い残したいですか？

問9　あなたが魂さんの世界に旅立つ時、どんな思いですか？

問10　今すぐに旅立っても後悔がありませんか？

人生の終わり方を考えてみてどうでしたか？　今、あなたが思ったことを大切にして、本当の自分を生きてください。

今日から終わり方を意識してください。人生の最期を完了したいなら、今日を完了すること、今やっていることを完了することです。すべてを完了するのは難しいかもしれません。今までよりも少しだけ、終わり方を丁寧にしてみてください。

たとえば、トイレのドアを閉める時に、勢いよくバタ〜ンと閉めず、丁寧に閉めてみる。中には、自分が使ったところを拭いて出てくるという人もいます。

あなたがやれる範囲で、終わり方を丁寧にするだけで、あなたの幸福度が増すはずです。そして、「感謝の儀式」で毎日を必ず完了してください。

後悔リセット術のエッセンス・その24

毎日の終わり方が、あなたの人生の終わり方になる

❖本当の自分を生きるとはとてもシンプル！

ここまで読んでいただいて、あなたの心に最も刺さったことは何ですか？

本当の自分を生きようとすればするほど、実はとてもシンプルなのだと気づきます。シ

ンプルな生き方とはどんな生き方だと思いますか？

必要なものだけで生活することですか？

無駄を省くことですか？

必要なものだけで生活するとしたら、必要なものが何かわからないと生活できません。無駄を省くにしても、何が無駄なのかわからなければ、省きようがありませんね。

私たちは最短で最高のものを手に入れようとしますが、自分は最短だと思っていたことが遠回りだったり、時間がかかったりすることがあります。実はそれが結果的に最短だったという経験はありませんか？

魂さんとつながって生きることが本当の自分を生きることだと気づくのにも、ずいぶんと遠回りをして、時間がかかったように思いますが、結局これが私にとっての最短ルートだったのかもしれません。

自分にとって理想の人生を目指す時、登山と同じで、最短距離をまっすぐに登っていくことは至難の業（わざ）です。一見、回り道と思えるような道を歩き続け、前に進んでいるのかどうかもわからない、不安な状態になることもあります。それでも立ち止まって、何度も地図を確認し、いつか必ず素晴らしい景色が見えることを信じて歩き続けます。それが人生ではないかと思います。そして、それがシンプルな生き方だと思います。

長年、大勢の人たちと関わってきてわかったことですが、誰もが知っているとても簡単で、当たり前のことを大切にしている人たちが、本当の自分を生きています。

それは、感謝することです。


たったこれだけのことができないのも、私たちです。感謝が足りない時、必ず不平不満が出ます。もめごとが起こります。

よりよい人生にするために、何か特別なものを求めたくなるのですが、今自分が持っているものや、やっている仕事、関わっている人たち、自分と自分以外のすべてに深い愛を注ぎ感謝をすること。ただそれだけで、人生が温かいものになると思うのです。


私が長年生きづらさを抱えて行きついた先は、本当の自分を生きるということです。

それは魂さんとつながって生きること。

魂さんとつながるには、毎日、誠実に生きること。

深い愛と感謝の気持ちを持って生きること。

自分自身が魂さんとなって生きること。

それが本当の自分を生きるということです。

後悔リセット術のエッセンス・その25

人生は深い愛と感謝に始まり、深い愛と感謝で終わる

感謝

コラム

コーチング実例から2

定年まであと2年というクライアントOさんが、「私は定年が恐ろしくてたまりません。定年のことを考えると、この先、私はどう生きたらいいのかわからなくなります。いっそのこと、今すぐにでも死にたい気持ちです」と言いました。

「何が恐ろしいのですか？」

「自分の存在価値がなくなることです。私はずっとこの会社で頑張って働いてきました。仕事が生きがいでした。その仕事がなくなってしまったら、私は生きる目的を失ってしまいます。これから先、どうやって生きたらいいかわからないのです。それが恐ろしくて、定年のことを考えるとどうしていいかわからなくなるほど不安です」

自分の存在価値がこの世からなくなることに、恐怖を抱く人たちがいます。特に現役時代にバリバリ頑張ってきた人に、その傾向が強く見られます。

私は2つの質問をしました。

「もしも今日死んだら、後悔はありますか？」
「あります。もっと自分のやりたいことをやっておけばよかったと」
「この世を去る時、自分の人生はどんな人生だったと言いたいですか？」
「私の人生は最高だったと言いたいです」

この答えから、私はOさんにどういう死に方をしたいのか、ビジョンを描いてもらう必要があると思いました。人生の最期が決まっていないから迷い、不安になるのです。

私たちは死に対して、とても受け身です。いずれ訪れるものを、ただ自然に任せて待っているだけです。それが時に痛みや苦しみを伴う場合でも、ひたすら耐えて人生の最期の日を待ちます。

死は人生の一部で、こちらの世界のゴールです。コーチングではゴールを設定しますが、まさに人生のゴールが死なのです。私たちは一番大切な人生最期のゴール設定を自分でしていません。どこかで、してはいけないものとか、自分で決められるわけがないと思い込んでいます。

私は今までコーチングしてきたことと同じように、Oさんに自分で理想の死に方のビジョンを描き、目標を持ってもらうことにしました。Oさんがこの世を去る時、「私の人生は最高だった」と言うためのビジョンと人生のゴール設定です。

ビジョンを描いたことにより、Oさんは今の仕事を定年まで続けていたら後悔することに気づきました。

定年が恐ろしいと言っていたOさんは早期退職して、自分が本当にやりたかった仕事で起業しました。Oさんは以前よりも若々しくなり、毎日が楽しくて仕方ないと話してくれました。

Oさんからいただいた名刺には「感謝」という文字が大きく書かれていました。

4章

【後悔リセット・ステップ④】

答えは全て本当の自分の中に！

あなたは人生で悩んだ時、どこに答えを探し求めていますか？

悩んだ時、誰かに相談して答えを教えてもらいたくなります。けれどその答えがいつも自分にとって正解とは限りません。

4章では、私たちが一生の中で必ず抱える悩みについて、それぞれの分野に分けて、人生の答えの見つけ方をお伝えします。

❖ 不安や悩みの「もと」との向き合い方

人生の中で、あなたの一番の不安や悩みは何ですか?

生きていると、いろいろなことに不安を抱き、悩まされることがあります。

私自身、いろいろな悩みがありましたが、「人生で一番の不安や悩みは何か?」と聞かれたら、自分の死に対する不安です。

仏教では、「人生は思い通りにならず、苦しみから逃れられないからこそ、苦しみと向き合っていきましょう」という教えがあります。苦しみとは、私たちが避けて通ることができない四苦八苦(しくはっく)です。

四苦とは、

生……生きる苦しみ
老……老いる苦しみ
病……病の苦しみ

死……死ぬ苦しみ

八苦とは、
愛別離苦（あいべつりく）……愛する人と別れなければならない苦しみ
怨憎会苦（おんぞうえく）……嫌いな人と会わなければならない苦しみ
求不得苦（ぐふとくく）……求めるものが得られない苦しみ
五蘊盛苦（ごうんじょうく）……その他の自分に起こる様々な苦しみ

四苦八苦は、誰もが人生の中で経験する苦しみです。この苦しみを乗り越えられた時に、私たちは涅槃寂静（ねはんじゃくじょう）（苦しみのない穏やかな世界）を手に入れられると言われています。

私の講座では、四苦八苦を大きく4つに分類しています。3章の「カルマ」のところでもお伝えした、身体のこと、お金のこと、人間関係のこと、それ以外のことです。

この4つがそれぞれに関連し合って、私たちの悩みを複雑にしていきます。

たとえば、人間関係の問題には、お金が関連していることが多くあります。親が亡くなると、遺産相続の問題が起こります。私もこの手のご相談を受けてきましたが、一円でも多く自分がもらうことに、全エネルギーを使ってしまうのです。

これを魂さんの目線で見ると、何が見えますか？　常に魂さんをコアに物事を考えられると、世の中のすべてのものごとはなくなるように思います。

このように、私たちの人生に起こるすべての不安や悩みに対して、常に魂さんの目線で見ると、どうしたらよいかがわかります。

けれど不安や悩みに対して、アクセス方法を間違えると、いかに自分が損をしないか、不利にならないかを優先して考えるようになります。**アクセスする順番を間違えただけで、不安や悩みがどんどん大きくなるのか、楽になるのか、全然違ってきます。**

もし今、何か不安や悩みがあったら、魂さんにアクセスしてみてください。頭からアクセスした時と感じ方が全然違うはずです。納

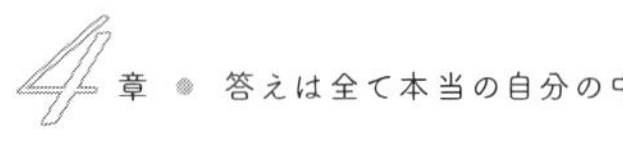

得できない場合は、頭を優先しているので、何度も何度も魂さんにアクセスしてみてください。

後悔リセット術のエッセンス・その26

人生のすべての答えは本当の自分（魂さん）が知っている

❖身体の声を聞く

あなたは、身体の声を聞いたことはありませんか？

本当の自分とつながっていると、身体の声を聞いたり、身体と対話したりすることができます。

たとえば、毎日夜遅くまで仕事をしている時に「頑張りすぎだよ。もう寝たほうがいいよ」と、身体があなたにメッセージを伝えているのを聞いたことはありませんか？

「食べすぎだよ。もう食べるのをやめようよ」と身体があなたに言っているのに、別腹だとか、今日だけ特別と言って、お腹いっぱい食べたことはありませんか？

「身体を動かそうよ」と身体があなたに言っているのに、今日は暑いからとか、今日は寒いからと、運動をしない理由を正当化してしまうことはありませんか？

これらはすべて身体があなたに伝えているメッセージです。

身体の声は、大変なことになる前に、あなたに気づいてほしくて伝えています。私自身、身体の声を聞いたおかげで、命を助けてもらった経験があります。

私が最初に身体の声を聞いたのは10代の頃です。当時、原因不明の発作を抱えながら生活していました。病院に行って、ありとあらゆる検査をしても、原因がわからなかったのです。

私は自分でこの身体を何とかするしかないと、身体をよく観察することにしました。

どのような時に痛みが出るのか？

痛みは何分続くのか？

心や身体に何か負荷がかかりすぎていないか？

ノートに自分の身体の様子と、その時に何があったのか、どんなことを思っていたのか、一見関係なさそうなことも細かく書くようにしました。

そしてある時、発作が出そうになる前兆がわかりました。その時、私は身体に声をかけたのです。

「発作は出ません。止まります」と。

すると不思議なことに発作が出かかっていたにもかかわらず、止まったのです。自分の身体をよく観察するようになってから、知らないうちに身体と対話をしていたのですね。身体と対話をすると、いろいろなことを私に伝えていることに気づきます。

「早く寝よう。身体が持たないよ」

「身体を動かそう」

でも私たちは身体の声よりも、自分の考えを優先させていませんか?

身体の声は、最初はとても優しく語りかけています。優しすぎるので、ほとんどの場合、私たちは聞き逃してしまいます。その後、何度も何度も私たちに伝え続けているのですが、聞いてもらえないと、身体は伝えるのをやめてしまいます。

そしてある時、身体は悲鳴をあげて、あなたに気づかせます。ある時は激しい頭痛や肩こりかもしれません。あるいはもっと深刻な症状が出るかもしれません。

その時になって、私たちはようやく身体の声を聞くのです。もっと早く身体の声を聞いていればよかったのにと後悔します。

あなたが後悔しないように、身体と対話する方法をお伝えします。

仰向けに寝るのがベストですが、座ったままでも大丈夫です。

目を閉じて、呼吸は楽に、自分の身体と仲良くなろう、感謝しようという気持ちで頭から順番に、意識を向けます。

頭、額、眉間（眉）、目、鼻、頬、耳、口、顎、首、肩、腕、ひじ、手首、指、背中、腰、お尻、胸、お腹、太もも、膝、ふくらはぎ、足首、足指。

力が入っていると思ったら、リラックスしてください。どこか気になるところがあったら、その部位にそっと手を当ててください。

そして「よく頑張っているね。ありがとう」と声をかけます。感じやすい人は、それだけでポカポカと温かくなるのがわかるかもしれません。

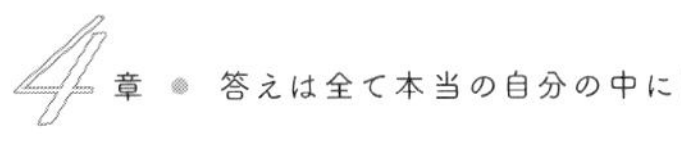

これが自分の身体とつながり、身体の声を聞く方法です。そんなに時間が取れないという場合は、職場などでもできます。

座った姿勢で2、3分だけ目を閉じて、自分の内側にアクセスしてください。もしもあなたに伝えたいメッセージがあれば、何かを伝えてくれますが、何もない時はそのまま身体の内側を感じて終了します。

あるいはトイレに行った時に、目を閉じて自分の内側にアクセスしてもよいですね。身体の声を無理やり聞こうとするのではなく、自分の内側に意識を向けるということが大切です。

何でもそうですが、新しいことは慣れないため、時間がかかります。けれど時間がないとか面倒だという理由で、大切なことを後回しにするほうが大問題です。

私は毎朝1分、朝のグラウンディングをした後に、目を閉じたまま、身体の内側を感じるようにしています。時間にしたら3分もかかっていませんが、これだけで自分の身体と対話ができます。

　どこかに違和感があったら、その場所に手を当て、身体が私に何を伝えようとしているのか聞くようにしていいます。そして「今日もごきげんに過ごそう」と自分に言葉をかけます。

　これが私の朝の儀式です。

後悔リセット術のエッセンス・その27

身体の声は魂さんからあなたへの感謝のメッセージ

❖ 死に対する不安や恐れを和らげる

あなたは、自分の「死」について考えたことはありませんか?

私は「死」をテーマに、セミナーを開催することがあります。「人生の中で『死』について、一度でも不安や恐れを持ったことはありませんか?」と質問をすると、全員の方が「あります」と答えます。なぜ、死に対する不安や恐れがあるのかと質問すると、

「自分がどんな死に方をするのかわからない」
「いつ死が訪れるのかわからない」
「死ぬ時に何が起こるのか、どうなるのかわからない」
「自分で死に方を選べない」
「死んだ後どうなるのかわからない」

という答えでした。

まとめると、不安や恐れのもとは大きく3つです。

いつ死ぬのか。

どうやって死ぬのか。

死んだ後どうなるのか。


この3つを自分で決められたら、死に対する不安や恐れは和らぐと思います。


いつ死ぬのかを自分で決められたら、あなたの生き方は変わりますか？

変わる人もいれば、変わらない人もいると思いますが、自分で決めた命の時間の中で、本当にやりたいことをやれるのではないでしょうか？


どうやって死ぬのかが決められたら、あなたの生き方は変わりますか？

ほとんどの人は、ここが一番気になっているところだと思います。なぜなら、誰もが痛い思いをしたり、苦しんで死にたくないと思っているからです。

ろうそくの火が消えるように、穏やかに人生を終えられることが決まっていたら、これからの人生をどう生きますか？

死んだ後どうなるのかがわかっていたら、あなたの生き方は変わりますか？

死後の世界については、いろいろな説があります。一般的に伝えられているのが、私たちがこちらの世界でしたことによって、極楽か地獄へ行くということです。自分のしたことが自分に返ってくる総まとめという感じですね。

これは既にお伝えした通りで、私たちは魂さんの世界に帰ります。魂さんの世界は、痛みや苦しみ、争いのない穏やかな世界です。

仏教では諸行無常（しょぎょうむじょう）といい、すべてのものは永遠に続くことはないという教えがあります。**私たちはいつか必ず死にます。けれど私たちの人生は死に向かっているのではありません。使命を全うするために生きています。**

人生のゴールが死なのか、使命を全うするのかで、生き方が変わりませんか？

こちらの世界のゴールがいつになるかはわかりませんが、使命を全うするというゴールを目指して、本当の自分を生きていきましょう。いつゴールに到着しても後悔のないように。

人間関係の問題で悩む時間を減らす

あなたは今までの人生で、どのくらいの時間、人間関係で悩んできましたか？

人間関係の問題は、ほんの小さな誤解や、わかり合えないことから起こります。相手が自分のことをわかってくれない、理解しようとしてくれないことへの不満です。

あなたが人間関係に悩んでいるのは、相手があなたのことをわかってくれないからではありませんか？　たとえば、あなたが何かやりたいことがあって、相手に相談したとします。それを、いきなり否定されたらどう思いますか？　逆に応援されたらどうですか？

私が人間関係に悩んでいた時も、「誰も私のことをわかってくれない」と思い続けていました。わかってくれないことをわかってもらうには、相手の誤解を解き、わかってくれるように何度も伝えなければなりません。

なぜ相手はわかってくれないのでしょうか？

世の中には、人の話を否定的に聞いている人と、肯定的に聞いている人がいます。あなたが誰かと会話をする時に、相手は自分の話をわかってくれると思って話していますか？　それとも相手は自分の話を否定するだろうと思って話していますか？

ほとんどの人は、否定されると思って話してはいません。ですから、否定されるとざわざわします。

そもそも人と関わる時の前提として、自分と相手は、まったく違う人間であるということを理解していたらどうでしょうか？　自分と相手は違う考え方でいい、わかり合えないこともある、と思って会話をするのです。そう思って会話をすると、わかってもらえなくてもざわざわすることが少なくなります。

私たちはいろいろな場面で人に対して「評価」をしています。たとえば、私たちが誰かと初めて会った瞬間、相手に対して無意識にしている評価は、敵か味方か、どちらが上か下か、好きなタイプか嫌いなタイプかなどです。それ以外にも、どちらが正しいか間違いか、どちらが得をするか損をするかなど、無意識に評価しています。**このように自分と相手を比較して評価をすることで、悩みを増やしています。**

私が人間関係で悩みたくないと思った時に、意識して取り組んだことがあります。それは人のことをとやかく言わないこと、人から影響を受けないことです。人のことをとやかく言いたくなるのも、影響を受けるのも、相手と自分を比較し、評価しているからです。

特に自分が正しい、相手が間違っていると思った時は、自分の正しさを証明することにエネルギーを費やしていました。

このような経験を通して、評価したがるくせを改善しようと思いました。評価しそうになったら、魂さんをコアにして考えるということを、トレーニングのように何度も繰り返して行いました。

仏教の開祖である「お釈迦様」は、生まれてすぐに、「天上天下唯我独尊（てんじょうてんげゆいがどくそん）」と言われたと伝えられています。これは、すべての人は使命を全うするためにこの世に生まれ、すべての人の命が尊いということです。

この教えに込められた願いは、私たちの魂さんの使命とまったく同じです。腹の探り合いとか、駆け引きのコミュニケーションではなく、本当の自分が求めているコミュニケーションをすることです。自分にも相手にも誠実に関わること、自分と相手の考えが違っていたら、まずは相手の話を聞き、相手と心の距離を縮めることです。そして「私の考えは……です」と、お互いを尊重して、自分の考えを話しましょう。

私たちが人生の中で、最も長い時間悩んでいることが人間関係です。悩んでいる時間を、使命を全うすることに使えたらよいですね。

後悔リセット術のエッセンス・その29

私たちは1つの世界の仲間で、敵ではない

お金は魂さんと考える

あなたはお金に対して、どのようなイメージを持っていますか？

こちらの世界は物質の世界であり、物質の世界で最も私たちに影響のあるものがお金です。「お金がなかったら生きていけない」と言っても過言ではありません。

なぜ物質の世界なのかというと、私たち自身が目に見える存在だからです。

目に見えていなければ、洋服や靴、時計、ヘアメイクも必要ありませんし、家や車など、目に見えるものはすべて必要ありません。一方、目に見えるものを手に入れるためにはお金が必要です。

魂さんの世界はどうでしょうか？　あちらの世界は目に見えませんから、お金も物も必要ありません。

魂さんの世界は宇宙にあり、宇宙はエネルギーでできているので、あちらの世界でもこちらの世界でも、エネルギーはとても重要です。そして、すべてのものはエネルギーの影響を受けています。当然、お金もエネルギーの影響を受けています。

なかなかお金が貯まらない、働いても働いても、お金が自由にならずに生活が苦しいという相談を受けます。

私が今まで相談を受けた、お金に困っている人たちには、いくつか特徴があります。

お金に対する考え方がネガティブ
目先の損得にこだわる
お金に誠実に生きていない

「お金に対する考え方がネガティブ」とは、お金がない、お金が足りない、お金がどんどん出ていく、損したくないなど、お金に対してネガティブな考え方をしているため、ついつい口からもネガティブな言葉が出てしまいます。自分に呪いをかけている状態です。

今、お金に困っている人が、将来お金に困らなくなるかどうかは、人から言われたことを素直に受け入れて、行動するかどうかでわかります。

たとえば、「今日からお金がないということを口にしないでくださいね」とお伝えすると、2通りの反応が返ってきます。

1つは「はい、わかりました」と言う人。もう1つは「そう言われても、実際にお金がないのにどうすればいいいですか！」と言う人。

どちらのほうが将来のお金が豊かになっていくか、一目瞭然です。**お金に対する考え方がネガティブな人は、お金以外でもネガティブな思考のくせを持っている傾向があります。**お金は持ち主の性格に似ているので、ネガティブな思考で、ネガティブな言葉を話していれば、お金はもろに影響を受けます。

「目先の損得にこだわる」についてですが、自分が損をすることにこだわりが強いということです。一円だって損をしたくないという考えや、自分のお金は出したくないけれど、他人のお金を出させるのは平気、などがあります。これはお金に限ったことではありません。日常生活において、「どうして自分ばかりがこんなに大変な思いをしなくてはいけないのか」「どうして自分だけがこんなに仕事をしなければいけないのか」と、他の人と仕事量を比べて、損をした気分になるのです。つまり、お金も時間も自分の体力もエネルギーも、人よりも使いたくない、損をしたくないという考えです。

逆に、お金を払う時は、人よりも少し多めに払うなど、気持ちよくお金を使う人。

仕事では一生懸命働いて、周りの人たちを助ける人がいますね。

前者と後者と比較してみた時に、どちらが豊かなお金のエネルギーを生み出すと思いますか？

「お金に誠実に生きていない」についてですが、これが一番重要です。

必要以上に物を買うとか、支払わなければいけないお金を支払っていない、支払い期限を守れない、人さまのお金を取ったなど、お金に対して不誠実なことをしてきて、お金が豊かになるでしょうか。

お金はエネルギーの影響を受けるので、歪んだエネルギーがお金に影響を与えてしまうと、そのエネルギーを元に戻すのはとても大変です。

お金を魂さんと考えてみましょう。

魂さんは、こちらの世界であなたが体験したことを実績として記憶しますね。

お金に対して不誠実なことをすると、実績として記憶されます。一度記憶されるとカルマとなり、他の実績を積んで記憶を書き換えなければいけません。

もしあなたがお金の悩みや問題を抱えていたら、真っ先にすべきことは、寝る前の感謝の儀式と誠実に生きることです。感謝をする、自分がされて嫌なことはしない、終わりを丁寧にするなど、この本でお伝えしてきたことを、やれることから一つひとつやってみてください。

お金はこちらの世界で最も影響があるものだとお伝えしました。その対極にあるのは魂さんです。魂さんの使命を全うすることに意識を向けると、歪んだお金のエネルギーが整っていきます。なぜなら、こちらの世界と魂さんの世界は1つだからです。

後悔リセット術のエッセンス・その30

お金は誠実な人が好きで、ずるい人は嫌い

時間の使い方は命の使い方

時間を上手く使っていますか？

「やりたいことがたくさんあって時間が足りません。もっと時間を効率よく使うにはどうしたらいいですか？」というご相談をいただきます。

時間が足りないと思うのは、あなたが毎日、誠実に生きている証拠です。もっとやれることがあるはずなのに、もっと丁寧に取り組みたいのに、と自分の使命を全うしようと生きていることなのです。素晴らしいと思いませんか？

時間が足りない時というのは、心にも余裕がありませんので、イライラしがちです。そして焦っているので、いつもやらないようなミスをしてしまうこともあるかもしれません。

このような時、**魂さんの目線になって、あなたの生活を見てください。**

焦っているのは、あなたの思考で、魂さんはあなたに「よく頑張っています」という温かいメッセージを送っています。そのメッセージを感じてください。

焦っても、時間は増えるわけではありませんし、やることが減るわけでもないことはあなたが一番わかっていますね。

「時間がない」という呪いの言葉を自分にかけるのではなく、「命の時間を全力で生きている」と思ってみたらいかがでしょうか。

時間がない時に真っ先に考えるのは、一日のタイムスケジュールを見直して、どの時間を省くかです。そしてやりたいことをやる時間を作るのですが、それでも時間に追われて足りないと思うのです。

時間の使い方で悩む原因は、一日の時間が決まっていること、そして私たちの命の時間が限られているからです。限られた時間の中で、できるだけ多くのことをやろうとしているから時間が足りないのですね。

まず考えて頂きたいのは、何に時間を使っているのかということです。

一日の中で、一番時間を使っていることは何ですか?
一日の中で、何を考えている時間が長いですか?
一日の中で、何に最も影響を受けていますか?
一日の中で、無駄な時間を過ごしていると思うことは何ですか?
一日の中で、何に一番時間を使いたいですか?

質問について考えてみると、時間の使い方について、改善策が見えてきたのではないでしょうか。

私たちは自分ではどうにもならないことに多くの時間を使い、悩んでいることがあります。

その代名詞が「過去のこと」と「他人のこと」ですね。

例えば私の例ですが、私自身、頭の中がぐるぐるしている時は、「あの人は私のことを悪く思っているに違いない」と妄想が膨らんで、自分ではどうにもならないことを、うだうだと悩んでいる時間があります。

あるいはジョギングに行こうと思った時に、寒いから走るのは嫌だな、暑いから走りたくないな、着替えるのが面倒だなと、あれこれ考えている間に30分、1時間と時間が経ちます。そんなことを考えずにさっと着替えてジョギングに行ったら、ぐずぐず悩んでいる時間に走れるのです。

私が日ごろやっている時間の管理のしかたは、**今日中にやらなかったら後悔することは何か？**　ということを最優先にやるようにするということ。

沢山やらなければいけないことがあった時、3つに絞って優先的に時間を使うようにしています。3つに絞る基準は、魂さんの使命を全うすることか、自分も周りも多くの人の幸せにつながることか、私しかやれないことか、です。

時間は私たちの命の時間です。

後悔リセット術のエッセンス・その31

時間の使い方は、自分の使い方

❖ 関係ないと思うことに本質がある

あなたは、「これは自分に関係がある、これは関係ない」ということをどうやって判断していますか？

私たちは日頃、自分が興味のないことに対して無関心です。身体のこと、お金のこと、人間関係のことなど、問題がない時は、無関心で他人事です。

問題が起こった時に、私たちは起こったことに対してだけ、どう対処しようかと考えます。けれど本当の自分を生きている人なら、今起こっている問題の本質は他のところにあるということがわかります。

たとえば風邪をひいた時、単純に風邪のウィルスに感染してしまったからだとは思わないでしょう。疲れていたとか、睡眠不足だった、体調を崩しかけていたという時に風邪をひいてしまったのではありませんか？　だとすると、本質はウィルスに感染しないように体調管理をすることですね。

お金の問題が起こった時、お金がこれ以上出ていかないように、真っ先にお金の蛇口をしめると思います。その時はお金の流れは止められますが、一時的に出るお金を止めただけで、お金の問題が解決したわけではありません。

誰かにお礼を言っていなかったとか、連絡をするのを忘れていた、誰かの批判をしたなど、お金とは一見関係のないことに問題の本質があります。

人間関係の場合はどうでしょうか？

家の中がごちゃごちゃしていて、見るだけでストレスになるとか、家電が壊れているのに放置している、水回りが汚れている、つまっているということが、問題の本質になっていることがあります。

身体の問題でしたら、人間関係、お金、それ以外（環境など）に何かないか。
人間関係の問題でしたら、身体、お金、それ以外に何かないか。
お金の問題でしたら、身体、人間関係、それ以外に何かないか。

と考えてみます。

かなり前のことですが、私の父の具合が悪くなったことがありました。病院に行ってもなかなかよくならず、どうしてしまったのかと心配でした。

数日後、洗濯をしていた母が、排水溝の様子がおかしいことに気づきました。排水溝を見ると、木の根っこがびっしり張っていて、排水溝をつまらせていることがわかりました。母がすぐに根っこを切って、排水溝をきれいにしたら、父の病気がよくなりました。日本昔話のような不思議なことですが、直接関係のないことに問題の本質があることを実感しました。

以前、ある方からこんな相談がありました。

自分が触ると家電製品が壊れてしまうという内容でした。買って数年しか経っていなかったのに、おかしいなと思っていたところ、次々に壊れるので、何かあるなと思ったそうです。

これは家電製品に問題があるのではなく、本人のエネルギー（波長）の低さに原因があります。このような状態の時は、その人がいる環境そのもののエネルギーが低くなっているので、家電製品は壊れるし、観葉植物は枯れます。

私はすぐに、エネルギーを整えるために遠隔ヒーリングを行い、グラウンディングをするようにお伝えしました。その後、本人のエネルギーが上がり、それ以上の故障はありませんでした。

家の中には、私たちの目に見えないものが存在していて、その目に見えないものと、私たちは共に生きています。自分のエネルギーレベルが高いと、家の中もよいエネルギーが流れます。他の言い方をすると、気の流れがよいとも言います。

エネルギーの問題は、体調不良よりも、自分との約束を守らなかったり、自分に呪いの言葉をかけていたり、いろいろなことへの感謝が足りない時に起こりやすいのです。

私自身がいつも心がけているのは、自分のエネルギーレベルです。自分のエネルギーレベルが高い時は、まるで金粉を振りかけたかのように、手のひらや腕、足がキラキラ光り出します。

エネルギーを整えるためには、グラウンディングがお勧めです。また、魂さんとつながって、本当の自分を生きていると、エネルギーが下がることはありません。

あなたや、あなたの大切な人たちに問題が起こった時、目の前の問題に振り回されるのではなく、全体を見て、問題の本質に気づいてください。その時に大切なのが、魂さんの目線で感じ取ることです。

後悔リセット術のエッセンス・その32

本質はすべて自分の魂さんにある

宇宙を感じると潜在意識が覚醒する

あなたは最近、空を見ましたか？

私たちは地球に住んでいて、その地球は宇宙の中にあります。**地球には目に見えないものがたくさん存在しています。**目に見えないものを感じてみてください。

たとえば、

空を見る

雲を見る

月を見て月光浴をする

風を感じてみる

雨の音に耳を傾ける

草花や木の匂いを感じる

お天気の変わり目や季節の変わり目などに、自然の匂いや風、気温の変化を感じることがあるでしょう。自然と一体になる感覚です。

これをやっていると、出かけた先で、エネルギーの流れのよいところや、自分にとってのパワースポットを感じることができます。

私は仕事で国内外、いろいろなところに行きます。自分でエネルギーの流れのよいところを見つけて、グラウンディングや遠隔ヒーリングをしています。流れのよくないところには、行かないのではなく、行かないことが決まっているかのごとく、足が向くことはありません。

私は、お天気に恵まれることがよくあります。ずっと土砂降りだったのに、出かける時には雨が止んだり、また、新幹線や電車が天候の影響で運休になったり遅延したりしたことはありません。逆に雨が降ったおかげで、出かけなくて済んだことなど、「有り難いな〜」と思うお計らいをいただきます。

私は子どもの頃、海で実験をしたことがありました。それは、海に向かって「ばかやろう〜」と言って石を投げるのです。10回くらい繰り返しました。

すると、投げ続けていくうちに、だんだん波が大きくなって、私に襲いかかってくるのを感じました。いけないと思い、「ごめんなさい」と謝ると、波がおさまっていきました。

私はこのような実験をいろいろとやった結果、自然に対して感謝をすること、仲良くなることが大切だと実感しました。

それからは、どこかに行く時は必ず手を合わせて、「ありがとうございます」と感謝をしています。特に飛行機に乗る時は、たくさん感謝をしています。

いろいろなことに感謝をしていると、自分のエネルギーの流れがよくなるのを感じ、物事がなぜか上手くいくのです。

このように自然や宇宙を感じると、潜在意識が覚醒されます。潜在意識が開発されるとか、自分の可能性が開くとも言います。

私は覚醒させようとしているのではなく、自然や宇宙を感じていると覚醒されるのです。空を見たり、雲を見たり、月や星を見るだけです。ただそれだけです。自然や宇宙を感じている時、とても幸せな気持ちになれるのです。

後悔リセット術のエッセンス・その33

本当の自分を生きると、自然や宇宙も味方になる

私たちは毎日本当の自分を生きている

あなたは、たった一度の人生をどのように生きたいですか？

私は、どんな人生を生きたら後悔がなく自分の人生は幸せだと思えるか、と考えていました。

理想の人生をイメージした時に、愛する家族に囲まれて、自分の好きなことを仕事にし、自分がやりたいことを自由にやれる時間と、お金と、環境が整っていること、そして何の不安や悩みもないこと、これが私の理想の人生だと思っていました。

そんな人生になったら素敵だなと思いましたが、何の不安や悩みもない人生を望むということは、不安や悩みはよくないことと思っていることになります。今まで、たくさんの不安と悩みがあったからこそ、私は魂さんとつながって、本当の自分を生きていこうと思えたのです。悩んだり、苦しんだりしたことも、こちらの世界に生きているからできる体験なのだと思ったら、これから何が起こったとしても、自分の魂さんと共に乗り越えていけるはずです。

自分に起こるすべてのことに意味があり、人生には何一つ無駄なことはありません。

今回、この本を執筆をしながら、私自身が今まで以上に自分と向き合ってきました。そこで改めて思ったのは、目先の損得に振り回されているなぁということです。

いかに自分が楽になれるか、自分にメリットがあるか、自分が有利になるかということに振り回されていたのです。それを基準に物事を選択して生きていても、本当の意味で楽にはなれず、メリットもなく、むしろ生きづらい人生になっていることに、改めて気づきました。

欲しいものを求めて生きているのに、欲しいものは手に入らず、どんどん逆の人生になるのです。

「はじめに」で、人生には2種類の生き方があるとお伝えしました。

本当の自分を生きている人と、そうでない人です。両者の違いは、ほんのわずかです。

たとえば、あなたに何か問題が起こった時に、決定的に欠けていることがあるとした

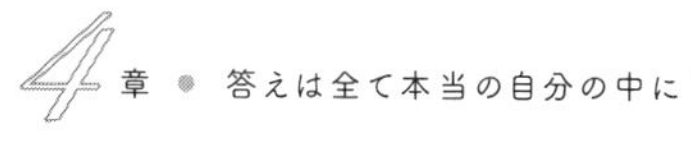

ら、何だと思いますか？　今まで起こった問題を思い出してみてください。今までこの本でお伝えしたことを思い出してください。

「魂さんの使命ですか？」「感謝ですか？」。いろいろな答えが出てくると思います。ほとんどの場合「感謝」の気持ちが欠けています。

自分に問題が起こった時に、真っ先に意識が向くのは目先の損得です。さらに「自分が、自分が」と、自分のことしか考えられない思考になります。そんな時には、一瞬でも感謝の気持ちを思い出すだけで、問題が解決の方向に転換します。

私たちは感謝の気持ちを表す時に「ありがとう」という言葉を使います。この「ありがとう」という言葉は仏教にあります。私たちが人間として、こちらの世界に生まれたこと自体が、「有る」ことが「難しい」、有り難いことなのです。

私たちが生まれたこと自体が尊く、有り難いことだと思っていたら、ほとんどの問題は起こらないのです。

けれど、これができないのも人間なのです。「できない」とか「きれいごと」だと開き直るのではなく、意識することで、起こった問題を最小限に抑えることができます。

私自身、本当の自分を生きているかと聞かれたら、「修行中です」とお答えします。 完全に本当の自分を生きた時が、魂さんの世界に帰る時ではないかと思っています。

毎日本当の自分を生きようとしていることが、実は最高の幸せなのです。

本当の自分を生きることが、私たちの使命です。

後悔リセット術のエッセンス・その34

すべてのものが尊く愛にあふれている

おわりに

この本を読んでくださってありがとうございました。
最後にあなたに2つの質問をします。

「あなたが人生に後悔することなく本当の自分を生きるために、やることは何ですか？やらないことは何ですか？」

いろいろなことが浮かんでくると思います。今の気持ちを忘れないように、紙に書いて、よく見えるところに貼ってください。

「あなたの好きな言葉は何ですか？」

その言葉が、あなたの魂さんが使命として持っているメッセージです。その言葉を永遠に大切にしてください。その言葉が、あなたの未来を勇気づける言葉になります。

私はずっと、本当の自分を生きる方法を探し続けてきました。生きづらさを抱えていた私が、ようやく生きているという感覚になれたのです。

もちろん今、まったく問題が起こらないということではありません。生きていれば、いろいろな悩みはあります。けれど今までと違うのは、魂さんはどう思っているのかということを、すべてのコアにしていることです。

たとえば、私はこの本を執筆中に、原因不明の発疹が全身に出ました。その時、身体の声を聞くことに集中するようにしました。目を閉じて身体とつながろうとするだけで、メッセージが聞こえてきます。私が何か間違ったことをしそうになると、「よく考えてみて」という魂さんのメッセージが聞こえます。魂さんをコアに物事を考え、行動したことによって、人生がよりよくなってきました。

本当の自分を生きるということは、自分の生き方に責任が伴います。もしかしたら、人のせいにして生きていたほうが楽だったかもしれません。けれど、本当の自分を生きることで、いつ魂さんの世界に帰ることになっても、後悔がなく、自分の人生を生き抜くことができるのです。これが、私が思う究極の人生です。

人生にはいろいろな不安や悩みがあります。けれど、自分に起こるすべての答えは魂さんが知っています。魂さんを信じることです。

私たちがやれることは、命の時間が終わるまで、一日一日を誠実に生きることです。これに尽きると思います。毎日やることは、流れ作業のような、とてもシンプルでつまらないものと思うかもしれませんが、実はその生き方が最も大切で、いろいろな可能性を持っています。

この本をきっかけに、あなたが本当の自分を生き、人生が全うできることを信じています。

最後に、初出版にあたり、私のことを全力で応援してくださったクローバー出版ファウンダー会長の小川さん、営業本部長の桜井さん、編集部の小田さん、田谷さん、他クローバー出版のみなさま、そして私を信頼し、ずっとコーチングを受け続けてくださっているクライアントさんたちにお礼を申し上げます。この宇宙に存在するすべてのおかげです。

本当にありがとうございました。

Ｅｍｍａ

後悔リセット術のエッセンス　まとめ

- 一日の終わりに「今日もありがとうございました」と全身全霊で感謝をする
- 「自分はどうしたいのか？」と何度も自分に問うことで本意に気づく
- 色眼鏡で見るのではなく、物事の本質を見る目を持つ
- 他責ではなく、自責で生きると人生がよりよくなる
- 自己否定は自分の最大の敵
- 人生は自分の言葉でよくも悪くもなる
- 負のエネルギーを持つ種は、すぐに芽を出し一気に増え、やがて枯れ、幸せなエネルギーの種は、ゆっくり芽を出し、永遠に咲き続ける

章

● ネガティブは自分の可能性を開くチャンス
● 悩みの奥にある自分の内に秘めた熱い思いが原動力になる
● 自分を大切にするとは、自分が関わるすべてを大切にするということ
● 1日3分、本当の自分とつながる時間を取って、今日の思いをノートに書く
● 目に見えない世界とつながるためには、自分からつながろうとすること
● 信じる力こそが、自分の最大のエネルギーになる
● 魂さんからの深い愛を感じてみる
● グラウンディングにより自分のエネルギーを整え、魂さんと深くつながる
● 魂さんからのメッセージは最重要連絡事項
● 魂さんとつながっている私たちは、幸せになることが決まっている

章

- 魂さんと私たちは1つの世界でつながっている
- 命の時間の長さより、自分の使命を全うすることのほうが何倍も重要である
- カルマは前世から自分だけに贈られた特別なプレゼント
- こちらの世界で誠実に生き抜いていくことが自分の使命
- 本当の自分（魂さん）を信じる人は、すべてを味方にする
- 違和感は魂さんにアクセスするサイン
- 毎日の終わり方が、あなたの人生の終わり方になる
- 人生は深い愛と感謝に始まり、深い愛と感謝で終わる

章

- 人生のすべての答えは本当の自分（魂さん）が知っている
- 身体の声は魂さんからあなたへの感謝のメッセージ
- 使命を全うするというゴールに向かって生き抜く
- 私たちは1つの世界の仲間で、敵ではない
- お金は誠実な人が好きで、ずるい人は嫌い
- 時間の使い方は、自分の使い方
- 本質はすべて自分の魂さんにある
- 本当の自分を生きると、自然や宇宙も味方になる
- すべてのものが尊く愛にあふれている

Emma ◉プロフィール

ソウルフルネスメソッド提唱者

神事を扱う家系に生まれ、幼少期から目に見えない世界と交信する。子どもの頃はほぼ毎日、神社、お寺、お墓で遊び、お墓が友達だった。お墓で遊んでいると、お墓が何かを伝えていることに気づき、その頃から魂のメッセージが聞こえるようになる。
その後 430 年続いている寺院で護持に 25 年携わりながら仏教について学ぶ。また、お墓の管理作業をしている時に、お墓を見るとその家の未来がわかるようになり、お墓の扱い方で人生が決まることに気づく。魂のメッセージと現実社会のギャップに戸惑い、長年生きづらい人生を過ごしていたときにコーチングと出合う。自らコーチングを学び、海外、国内ともに最高峰のコーチ資格を取得、メンターとしてエグゼクティブコーチを目指している人たちにコーチングの指導をする。
2004 年からオンラインを使ったセミナーを先駆けて行い、多い時で年間約 200 本以上のオンラインセミナーを行う。
「仏教×コーチング×スピリチュアル」を融合させ、人間関係、健康、お金、仕事など人生の中で必ず抱える問題に対し、延べ 5 万人の人生をよりよくするコーチングを行う。さらに仏教をベースとした煩悩を浄化する「ソウルフルネスメソッド」を提唱し、魂からのメッセージを伝えている。

本文イラスト／滝本亜矢
イラスト制作協力／白野悦子
装　幀／横田和巳（光雅）
本文組版／アミークス
校正協力／伊能朋子、永森加寿子
編集協力／坂本京子
編　集／田谷裕章

毎日3分!その日の後悔リセット術

イライラ・モヤモヤ・クヨクヨを引きずらない34の習慣

初版１刷発行 ● 2021年１月22日
　　２刷発行 ● 2021年３月４日

著者

Emma

発行者

小田 実紀

発行所

株式会社Clover出版

〒162-0843 東京都新宿区市谷田町3-6 THE GATE ICHIGAYA 10階　Tel.03(6279)1912　Fax.03(6279)1913
http://cloverpub.jp

印刷所

日経印刷株式会社

ISBN978-4-86734-005-9　C0011

本書の内容に関するお問い合わせは、info@cloverpub.jp宛にメールでお願い申し上げます